孙正义秘录

[日] 大下英治 著
[日] 伊藤实千代 李世彦 译

复旦大学出版社

目 录

前　言…1
序　章　买下世界！孙正义和软银的梦想…9
　　　　　冒险者孙正义的双重角色…9
　　　　　果断巨额收购美国 Sprint 公司…11
　　　　　寻找"第二个阿里巴巴"…16
　　　　　收购 Sprint 后的惨淡经营…19
第一章　"3·11"与孙正义…25
　　　　　与核电的斗争…25
　　　　　关于核电成本的无稽之谈…29
　　　　　满怀热情设立自然能源财团…31
　　　　　孙正义的使命感…34
　　　　　政府为了什么而存在！…36

第二章　灵魂的屹立…42

国籍的壁垒…42

你小子是个天才…46

织田信长与坂本龙马…49

在美国邂逅"黑船"…52

需要是发明之母…55

第一次担任项目领导者…58

有声电子翻译机的诞生…62

再也不来这种公司了…64

向夏普专务董事的推销…67

做人的尊严…74

40个创业计划…76

一无所有却想独占…82

以三倍面值的价格买下来…90

电脑界的"灰姑娘"男孩…95

还剩五年生命…98

军师宫内谦…101

人生不在长度…104

三项组织变革——每日决算、分权、利益报酬…109

第三章　迈向世界的野心…115

与史蒂夫·乔布斯同时预测到了手机的互联网化…115

"明天就要在报纸上打广告！"…118

2万亿日元的收购案——柳井正的进言…122

沃达丰的改革…132

软银的广告战略…136

电通"鬼十则"…142

CI是海援队…148

能卖多少钱…158

看到纠纷之后的东西…163

白户家的商业广告——用狗打市场的战略…169

不要将信息流到下面…181

第四章　疾风怒涛般的并购史…186

进军美国,走向世界…186

激情收购Ziff-Davis…191

决战之时的韧劲…195

孙正义的谈判力…204

北尾吉孝的非凡手腕…210

500％相信北尾…214

并购谈判——决断的舞台…223

发现雅虎…229

当机立断出资100亿日元…235

两个月成立日本雅虎…241

朝日电视台股权风波…247

软银的上市…250

　　　　逆向思维…253

　　　　青空银行的收购与出售…261

　　　　阁下，您疯了…271

　　　　白马骑士…277

　　　　孙正义与北尾两驾马车…282

第五章　球队收购与王贞治…286

　　　　福冈大荣鹰队的收购谈判…286

　　　　同样都是冒险家…290

　　　　目标直指世界第一…292

　　　　王贞治的"禁果"…295

　　　　王贞治眼中的球队老板…302

第六章　称霸亚洲即称霸世界…308

　　　　"外星人"马云…308

　　　　软银的国际战略…313

　　　　不要依赖政府…315

第七章　百年大计…319

　　　　越挫越勇…319

　　　　企业 DNA 如何传承…325

　　　　他能看到 20 年之后…326

　　　　孙正义的雄心…329

　　　　软银的未来——孙正义寄语…331

后记…337

前言

这个国家,如果有五个孙正义,毫无疑问将会掀起"革命"。

为什么会有这样的一个人出现?本书的主题就是试图阐明这一点。我在 30 年之前,曾经对孙正义进行过采访。采访地点是在他当时的办公室——位于东京市谷的一间租来的狭小房间,和今天位于东京汐留的软银集团超高层总部大厦简直有天壤之别。当时,孙正义刚刚进驻东京不久,开设了一家名叫"日本软件银行"的公司,简称"软银",主要业务是软件销售。软银的前身,是他在福冈市的杂饷隈(*地名——译注*)创立的一家名叫"Uuison World"的公司。创业初始,连办公桌都没有,办公业务是在一个装橘子的纸板箱上进行的。但是,我第一次和他见面，就对他留下了极其深刻的印象。在他略显瘦弱的身躯中，蕴藏着巨大的热情和志向；在他如同连珠炮般的话语中，可以感受到一种男人的性感，这是一种语言上的性感。甚至让人产生一种错觉，怀疑他的头脑中是否埋藏着一个高速的芯片。

30年过去了，对于孙正义的印象本质上没有变，而他的软银已经发生天翻地覆的变化——从仅有两名兼职员工的第一代小公司，发展为今天年销售总额达到8万亿日元，旗下拥有遍布于全世界的1 300家公司的巨型集团企业。在软银34年疾风怒涛般的成长史中，经常浮现的是以如同烈日般炽热激情进行的孙正义的攻防战。孙正义压倒一切的言行以及作为他能量源泉的决断力让所有人叹为观止。

本书将跟随企业家巨头孙正义如歌如泣般的自述，对他的人生经历和软银的高速成长轨迹展开一次巡访之旅。

"3·11"事故可谓是日本自二战以来的第二次败战。在东日本大地震发生，东京电力福岛第一核电站事故这一国难当头之际，能够像孙正义这样果敢地展开行动，并且发出具有实战意义的信息的领导者，恐怕没有第二个人了。

虽然"脱离核电的旗手""100亿日元赞助"等吸引了

人们的注意，但是孙正义的本质并不在此。

孙正义这样说道：

"在'3·11'事故之后，这个国家的结构缺陷、精英阶层的失误一览无余。要求政府转换政策是作为一个国民的理所当然的义务。核电站事故让本来就饱受地震和海啸苦难的国民雪上加霜，目睹着在绝望和痛苦中挣扎的受灾者们，如果我什么都不做，就是对后世的罪过。"

在发生大地震、核电事故之后，孙正义的行动要比慌忙应对危机同时又始终在回避责任的政府以及东京电力的管理层迅速得多：在全力恢复手机网络的同时，全国范围内实行短信免费，对于受灾地区，从地震发生次日起就推出了针对受灾用户的延期付费和手机租借服务，以及为18周岁以下震灾孤儿提供免费手机的服务。

孙正义不仅仅只是一个乐善好施之人。他作为一个企业家，在财界中第一代业界"怪物"们离世之后，是难得一见的敢于承担风险的领袖人物。这和战后"护送船队方式"（原意是配合最慢的一艘船的速度，保持船队整体队形的一种行船方式，这里特指日本战后的金融体系就是政府通过各种监管措施保证所有人不掉队——译注）的经济社会结构中诞生的精英官僚型职业经理人式的总裁们有着根本上的区别。他更加国际化，与他的盟友比尔·盖茨和已故的乔布斯拥有着同样充满野性的巨大智慧和行动哲学,可谓是一代巨头。从这个意义上说,孙正义早晚可以比肩日本战后诞生的创业型社长中的领袖人物,如松下幸之助、本田宗一郎吧。从是否能够承担风险这一点就能表现出来,谁才是企业家的真正领袖。

以下就是软银社长孙正义在接受本书作者采访时,对自己的经营哲学的核心内容所作的阐述——

我曾经和很多不同的人都说过同样一句话:"越是犹豫不决的时候,越要向前看。"

在我看来,比起预测20年、30年之后的未来,对两三年之后短期前景的预测,反而不确定性更大,也更为困难。

现在世界经济处于一片混沌之中,眼前根本看不清楚,因此对于领导者来说,拥有中长期的视野是格外重要的。

我所喜爱的日本战国时代的武将织田信长,很喜欢"幸若舞曲"《敦盛》,曾一边唱着"人间五十年,如梦又似幻",一边翩翩起舞。这也展现了织田信长从自己有限的生命长度出发进行逆推之后,朝着"天下布武"的终极目标笔直突进的姿态。

从来没有过一个伟大的事业是通过不断绕弯路而最终

成就的。

我在19岁的时候就制定了自己的"人生五十年计划"：20多岁的时候开始在业界闯出自己的名声；30多岁的时候实现1 000亿、2 000亿的资产规模；40多岁的时候在1万亿、2万亿的资金规模上决胜负；到了50多岁完成自己的事业；60多岁将接力棒交给下一代人。这五个阶段的规划，在我19岁那年决定以来，从未改变过。

以2万亿日元的价格收购沃达丰日本法人的时候，我49岁，这也是我"赌博"的最后时机。想要壮大自己的事业，依靠偶然的机会是行不通的。在最高经营者的带领下，怀揣创业梦想，在有限的人生中一路前行才是取得成功的唯一办法。CEO所展示的巨大蓝图将成为所有事业的关键。

特别是对于风险企业来说，在没有历史底蕴的情况下，很容易被攻破。仅仅因为一个失误，就会招来媒体的大肆报道，并遭受全社会的非难：

"发横财啊！"

"经营不善啊！"

这样的事情，在我创立软银以来，屡见不鲜。不能沉溺于小企业拥有的技术，应当磨炼本质。即使面临诸多苦难、试炼，也不要逃跑，要敢于正面突破。我从中领悟到，想要拥有基础实力，就必须接受锤炼。

当然，有时候也不得不撤退。的确，比起前进，撤退需要的是十倍的勇气。

即使是雷曼冲击那样的世界经济危机，如果提前预知到其发生的可能性，将成本降低三成，也许就不会有那么严重的后果。说不定还能盈利。由于决断太晚，而导致反向差价的后果。这也是撤退战的一个失败的例子。

曾经，我们和SKYPerfect TV、朝日电视台、金士顿、纳斯达克日本、青空银行等进行了无数次的撤退战。对失败时的规律、撤退时陷入的陷阱都已经了如指掌。撤退时情况很糟糕，自己的下属会说什么，完全不知道；周围人会说什么，也不知道；自己作为领导者的地位也会被质疑。民众看不起，媒体也看不起。身为男人，最屈辱的是被骂作"窝囊废"。

但是，即使是蜥蜴，切掉全身的30％还能存活，可是切掉40％以上的话，就只剩一截肠子，最终无法挽救地死掉了。

最高经营者如果不能早早做出判断，其后果是致命的。领导者的构想如果出现错误，跟随的人也会朝着错误的方向前进。公司经营也是。认为公司的人事安排、福利、财务管理、劳务管理都很重要的社长绝对不能带领公司走向进步。这些本来都是该由各个部门的职员和部长来负责的，并不是社长的责任。

社长这样的领导者应该专注于如何使自己的公司取得

成长这一点上。

10年乃至20年后的企业价值、营业额、职员人数、新产品开发的方向、销路的扩大……对于所有这些社长都应该有自己的构想。不景气的时候，缩小规模以达到平衡，或者采取部分最优化的办法；把精力放在讨好一部分员工以博取人气上面：如果是这样，公司就完了。

我26岁的时候曾因患慢性肝炎住院。出院后，对于应该采用怎样的经营策略这个问题，我总结出了"孙氏平方法则"：

一　流　攻　守　群

道　天　地　将　法

智　信　仁　勇　严

顶　情　略　七　斗

风　林　火　山　海

"一流攻守群"是我自己的话。

"一"是说做任何事情都必须成为第一；

"流"是说不能违逆时代潮流；

"攻"和"守"的平衡很重要；

"群"是说绝不能靠单一的方式取得胜利。仅仅依靠一种经营模式无法取得永久的繁荣。

我身为创始人，肩负着将软银集团打造成能繁荣300年的企业的使命与责任。因此，如果只专注于自己已有的特定技术、领域，因循守旧的话，就跟不上300年中各时代的思维结构的变迁。应该时常以自我进步、自我增殖为目标。大自然的生命体中，虫子是种类最多的存在。企业发展也应该以这种多样性为目标。从战略层面将符合时代需求的商业模式集中起来并使之产生联动，这样的经营方式对长期发展十分有利。这就意味着，作为一个群体，还要不断考虑到和全部商品以及全部事业部门之间的关系。

第二行的"道天地将法"和第三行的"智信仁勇严"是从中国古代军事家孙子的兵法中引用来的。

第四行的"顶情略七斗"是我的信念。

"顶"是说，做事情的时候，不能从山脚开始，而应该站在山顶俯瞰全局；

"情"就如同我在创立软银时，从40个选项中选择了数字情报革命，并为此赌上了身家性命那样，我们必须对所有的情报进行收集、研究；

"略"也就是战略，应该从中长期的构想开始学起。

第五行中的"风林火山"是武田信玄使用的旗号，也是孙子的名言。最后的"海"是我的话。"海"是说，在战斗中即使胜利了，也不能就此懈怠，只有像大海一样将对手吞没，直到风平浪静才算胜利；否则，海上会重起风浪，战斗也将再次拉开帷幕。

序 章　买下世界！孙正义和软银的梦想

冒险者孙正义的双重角色 >>>

"我要打造一个就像数豆腐一样，一块（一兆）、两块（两兆）地增加营业额的公司。"

这是孙正义在刚刚创立软银的前身"Unison World"时，在两名兼职员工面前说的话（日语中，数豆腐的量词"块"与"兆"字同音——译注）。

年轻时的孙正义每天都在说着自己的"梦想"和"豪言壮语"。数月后，只能听到这些大话的那两个员工就辞职了。

在孙正义19岁的时候给自己设定的"人生五十年计划"中，正如"前言"中提及的那样，是以50多岁为自己事业的完成期的。结果正如其所料，38年前的志向在今天已经实现了。

我认为,身为冒险者的孙正义,骨子里扮演着以下两个角色:

一方面,他是一名对于"时光机器经营"能够当机立断的企业家。2006年,他以大约2万亿日元的价格收购沃达丰日本法人,并且正式进军手机行业这件事特别值得一提。这绝不是仅仅改变公司的颜色,而是关乎公司未来命运的一次"豪赌"。在本书中,众多相关人士的讲述都将印证这一点。

另一方面,他又是一个优秀的欧美型投资家。正如稍后会详述的那样,对创业初期就面临财务赤字的中国网购公司阿里巴巴,孙正义在15年前就对它进行了20亿日元的先行投资,从而成为其最大股东。

如果换了其他保守的经营者或者是对信用调查相对比较严格的金融领域人士,面对一个连底细都不知道的30多岁的互联网风险企业经营者,刚见面5分钟就决定投资20亿日元这样大的数额,几乎匪夷所思。像孙正义这样有魄力的投资者,在一般人看来,恐怕根本不存在。

同样,他果断地为十几个在半年前还是斯坦福大学研究生的年轻人共同建立的风险公司——美国雅虎投资了100亿日元。这次投资的回报是几百倍、几千倍的市场价值。孙正义也因此被称为"亚洲的沃伦·巴菲特"。

序章　买下世界！孙正义和软银的梦想

在本章，我们将循着冒险者孙正义一针见血的解读，并参考各家经济类杂志的报道，去了解2014年秋天在美国纽约证券交易所实现以史上最高额上市的阿里巴巴集团的快速战，以及孙正义本人在2015年3月召开的季度决算会议上所说的一番话"挑战之后，才认识到山的险峻和雄伟。一场硬仗开始了"中透露的收购美国Sprint公司后的动向。

果断巨额收购美国Sprint公司 >>>

孙正义领导的软银集团拥有全球性的战略，正在进行着永不停息的挑战。

2012年10月15日，孙正义作出了一个重大决定。软银宣布收购居于美国第三位的手机公司Sprint Nextel 70%的股份，将其作为自己的子公司。这次收购，花费将近1.570 9万亿日元，虽然略逊于2006年收购沃达丰日本法人的1.7万亿日元，但也是与其同等规模的巨额收购案。

这次收购案意味着，按其宣布收购那一刻的销售额计，软银成为世界第三的信息通信企业。

自2006年4月收购沃达丰有限公司以来，软银就一直十分顺利地扩大着自己的业绩。2013年7月1日将经营个人手提电话系统（俗称"小灵通"）事业的Willcom全部收为子公司。收购Sprint前的2012年10月1日，与销售e手机的eAccess公司通过股票交换的方式，于2013年2月彻底将其子公司化。同时，又正式宣布子公司软银移动与eAccess将开展业务合作。

通过此次扩大，软银移动和eAccess加起来的签约件数达到约3 400万件，与业界第二的KDDI的3 600万件几乎不分伯仲。如果再加上经营"小灵通"的Willcom，签约件数将达到约3 900万件，成为超过KDDI的大型通信企业。盈利额方面，截至2013年3月，已经达到6 752亿日元，远超对手KDDI的4 776亿日元。

但是，孙正义绝不会满足于在逐渐成熟的国内市场里取得成功。他选择了果断进军国际市场，策划多个巨额收购案。

孙正义是从什么时候开始考虑Sprint的收购案的呢？

根据《东洋经济周刊》（2012年11月24日号）的报道，具体而言，是从2010年前后开始考虑进军国际市场的。

然而事实上，孙正义从2006年收购沃达丰有限公司的时候，就已经开始在考虑进军国际市场了。当时，孙正义萌发了这样的雄心壮志："至少要做到日本第一的公司，最好能做到世界第一的公司。"

孙正义在收购沃达丰有限公司后，在同销售代理店的店长们第一次碰头时就发出过这样的誓言："10年以内一定要超过DOCOMO，超不过，我就切腹。"当时，销售代理店的店长们都把他的话当玩笑，哄堂大笑。然而，孙正义不以为然，"这不是玩笑，而是认真的"。他决意使营业额达到1万亿日元，超过NTT DOCOMO，成为日本国内第一的手机公司。

从那时起，孙正义对扩展海外事业充满信心。提高日本国内业绩，恢复份额，在以iPhone为首的手机市场里通过扩大销售收益来实现在手机事业上充裕的资金流转。当收购沃达丰所必需的资金在一定程度上回转后，他就坚定了扩展海外事业的信心。

孙正义这样说过："利用收购海外企业这个跳板，最终就有可能成为超过NTT DOCOMO规模的信息通信企业。"对这个战略思想，《东洋经济周刊》就如此报道过。

追本溯源，由软银所收购的沃达丰有限公司，其本身就是英国企业以进军海外为目标而进军日本的。通信行业早在很久以前就已经进入了全球竞争的时代。蜗居于日本，闭门不出，这本身就是件短视而没有意义的事。要在毫无边界的国际竞争中生存，确立全球战略是极为重要的。

孙正义这样说过："从人为制造的像栅栏一样的东西里边跳出来，这个选择本身是没有必要否定的。"

以孙正义为首的软银高层们展开世界地图，选择着海外战略进军的候选目的地。地图上标注着各国手机企业的数据、普及率、市场成长率、资本构成、每用户平均收入（ARPU）等各种信息。

对于Sprint的收购案，历经反复酝酿，最初并不是以美国市场为目标的。2012年，软银公司内开始了进军海外市场的讨论。面临软银创立30周年，以年轻人为核心的大多数意见是主张进军亚洲或者非洲市场，而并非美国市场。

在逐渐扩大的亚洲市场，首先讨论的对象就是拥有13亿人口、经济迅速发展的中国。然而，中国拥有以中国移动为首的三大手机通信公司，这些公司都是国有企业，软银顶多只能少量出资，以取得经营权为目的的收购不可能实现。

因此，作为另一个候选国的印度就成为了讨论的对象。然而，印度的手机市场还不是很成熟。"仅仅依靠每个月2美元的ARPU（每用户平均收入），怎么卖手机啊？"这种否定的意见逐渐占据优势。东南亚的一些国家情形也大抵如此。

就这样，在寻找海外进军目标的过程中，重新进入考量视野的，就是拥有相当市场规模的美国市场。美国的通信市场中，ARPU大概是50美元到60美元，这和日本是同一水平，在世界范围内也算是位于顶尖行列了。

销售的主力军是智能手机，下一代高速通信也在普

序章 买下世界！孙正义和软银的梦想

及。虽然无法预测会有中国、印度、东南亚那样的经济增长，但是和渐渐少子化、老龄化的日本相比，美国的人口每年都有所增长。(《东洋经济周刊》)

Sprint 是美国手机市场的第三名。占美国市场份额第一位的威瑞森电信、第二位的 AT&T 都由于价格太高，当时没办法收购。而如果是第三名的 Sprint 的话，软银还是能够出手的。

而且，Sprint 同沃达丰一样，当时也是处于挑战者的立场。在孙正义的眼里，改善利润率的余地越大，也就是说，变化率越大，收购的好处就越多。

可以强化网络力量与市场战略，采用各种各样的进攻战略。实力居于第一和第二位的企业无法做到的变革，可以在第三位及以下的企业那里得到实现。

孙正义综合评估多项因素，最终决定在美国进行挑战。

据说，担任软银集团外部董事的柳内正（迅销公司会长兼社长）对收购 Sprint 也持赞成意见。

孙正义能够冷静地进军美国市场，一方面要归功于其战略性判断，另一方面，归根结底，与他背井离乡在美国度过青少年时代的经历也不无关系。

"市场又大又深"——孙正义的这种分析，正是来源于在 20 世纪 70 年代将对战后的日本社会生活感到无法适应的青年孙正义迎入自己怀抱的美国社会。

寻找"第二个阿里巴巴" >>>

2014年9月19日,中国的大型网购公司阿里巴巴集团在美国纽约证券交易所上市了。

首日交易中,阿里巴巴取得的资金最高达到250亿美元(约2.72万亿日元)。上市时募得的资金额为世界最大、史上最高。换算成表示企业价值的股份时价总额,高达25万亿日元。

如今,阿里巴巴已经成为能够影响中国经济走势的经济体。率领这个创业15年就已经成为大型网购公司的是马云董事长,他是能够同中国的李克强总理共同探讨扩大内需及金融改革等经济政策的风云人物。在快速增长的中国经济中,阿里巴巴每年的商品交易额能够达到25万亿日元,其流通规模是同行业的乐天公司的18倍。

孙正义率领的软银集团以32.59%的持股成为最大股东,第二大股东是持股15.4%的美国雅虎。随着阿里巴巴的上市,第一大股东软银集团竟然取得了约9万亿日元的收益。2000年以20亿日元取得的阿里巴巴的股份的价值如今翻了4 500倍。

孙正义作为一个投资家,拥有识别具有发展前景的风险企业的眼光。迄今为止,他投资的1 300家企业里,阿

序章　买下世界！孙正义和软银的梦想

里巴巴为软银集团带来了绝对领先的回馈。

孙正义谈到了当时与马云初次见面就决定投资的场景。

"刚见面的5分钟，从与他的交谈和眼神中，就感觉到一定会赚钱。这是动物的直觉。"

孙正义谈及阿里巴巴的股份时称，不会卖掉阿里巴巴的股份。

风险投资一般是出资企业在上市时就会把所持股份卖掉，得到的资金再进行下一个投资。然而对于软银来说，阿里巴巴是特别珍贵的，孙正义绝对不会将其卖掉。这是因为，他能以现有的股份为本金，从金融机构那里借来大量资金，积极进行M&A（兼并收购）。即使得不到出售股份的收益，也可将股票增益作为事实上的担保用于项目融资。

此外，孙正义常常这样说阿里巴巴："阿里巴巴在亚洲是一个战略性的集团。我想长期保持这种协作关系。"

在1300个持股公司中，除去软银移动等主要的通信子公司，孙正义在董事会挂名的企业也就只有雅虎和阿里巴巴了。（《日本经济新闻》〔电子版〕2014年9月20日）

孙正义利用阿里巴巴上市取得的收益，积极果断地在世界各国寻找着"第二个阿里巴巴"。

2014年10月，孙正义为了强化软银的海外并购战略，任命印度出身的美国公司最高管理者尼科什·阿罗拉为软银副会长。2013年9月2日，孙正义在帝国酒店与访日的印度总理纳伦德拉·莫迪进行了会谈。在安倍晋三首相同莫迪总理的日印首脑会谈中，日本决定向印度提供3.5万亿日元的投融资。当孙正义听说，这里边的纯投资实际仅有1万亿日元时，决定把这件事毫无保留地告诉莫迪总理。"这样吧，我决定投资1.5倍，也就是1.5万亿日元。是日本政府投资的1.5倍呀。您肯定会同我握手的吧。"孙社长一边这样说，一边伸出手，紧紧地握住了还在吃惊的莫迪总理的手。两个月后，孙正义到访印度，再次承诺投资的事情。

此外，孙正义又在新德里的高级酒店 The Leela Palace New Delhi 里，招待印度的一些企业家，两天时间里与约300人进行了面谈；并且，向拥有超高人气的销售网站 Snapdeal 投资677亿日元，向经营出租车配车服务的 ANI Technologies 公司投资227亿日元。

孙正义是为了在印度再现15年前投资阿里巴巴的轨迹，同尼科什·阿罗拉一起去了印度当地。（《钻石周刊》2015年1月24日号）

序章 买下世界！孙正义和软银的梦想

照此趋势，在孙正义的手中出现"第二个、第三个阿里巴巴"这样强有力的新兴企业的可能性一定很高吧。

收购 Sprint 后的惨淡经营 >>>

事与愿违，2013 年 7 月，软银完成对 Sprint 的收购后，后者的业绩并没有上升。

在顾客争夺战中，处于第一位的威瑞森和第二位的 AT&T 占据压倒性的份额，不得不紧追不舍的 Sprint 采取崭新的市场战略，步处在台风眼的第四位 T 移动的后尘，靠单价较高的后付费(post-paid)方式来获取签约者，处于一种"独自认输"的状态。签约数份额与第四位的 T 移动不分上下。

原本，软银的战略并不是仅仅依靠 Sprint 进入美国市场，而是试图通过同时收购第四位的 T 移动，来摸索着同排名前两位的公司对抗。为了实现这个目的，孙正义进行了很多游说活动。

然而，FCC(美国联邦通信委员会)和司法部等美国当局阻碍了由四家大型企业转变为三家大型企业的活动，状况没有发生好转。

2014 年 8 月，孙正义放弃收购 T 移动，决定仅仅依靠 Sprint 一决胜负。

在这种情况下，孙正义决定起用马塞洛·克劳雷为美国地区 Sprint 的最高经营者。克劳雷是世界最大的手机发行商 Brightstar 的创始人。由此，克劳雷接替了 Sprint 的前 CEO 丹·海斯的位置。

孙正义对马塞洛·克劳雷的评价很高。

克劳雷出生于南美洲玻利维亚的拉巴斯。幼年时期，他自作主张地将母亲的衣服拿到街上去兜售，由此开启了他的经商之路。他和孙正义一样，都是白手起家的经营者。他与家人辗转于危地马拉、多米尼加等国，最后身无分文地来到了美国。他很早就培养出良好的商业直觉。在宾利大学上学期间，创立了一个销售航空公司里程数的公司，由此盈利。之后，又在 25 岁时创立了 Brightstar，在发达国家从制造商那里买来手机，大量销售至手机制造商无法顾及的南美等地的新兴国家，并凭借这样的销售模式使业务快速成长起来。

克劳雷拥有一个从销售旧手机得来的信条：

"在世界上的很多国家，买不起 iPhone 手机的人有很多。然而，手机确实一天天都在变得更便宜。"

克劳雷把 Brightstar 的业务扩展到 50 多个国家，并将其资产发展到 1 万亿日元。

克劳雷曾接受《钻石周刊》(2015 年 1 月 24 日号)的采访，讲述了他同孙正义相遇并最终就任 Sprint 的 CEO 的这一过程。

序章　买下世界！孙正义和软银的梦想

和孙正义第一次见面是在 2012 年 12 月 12 日。

克劳雷在很久以前就知道孙正义的存在，也很期待和他见面。他有很多商业提案。从了解孙正义的一些人那里，也经常听到这样的话：

"孙正义和你真的很像啊，你们应该见一见。"

因此，克劳雷每次去亚洲出差，都会要求助手去打听和孙正义见面的机会。功夫不负有心人，这天终于到来了。克劳雷定于 12 月 13 日在中国举行的世界经济论坛上进行演讲。在那前一天，他终于获得了见面的机会。

克劳雷花了 25 小时从迈阿密赶到日本。上午 10 点要见面，他早上 5 点就到达日本了。为了赶上第二天的演讲，他预定面谈后 12 点从日本出发去中国。

终于等到了见面的时刻，克劳雷对与孙正义的会谈充满期待和激情。然而临近见面，被软银的秘书告知：

"社长太忙啦，面谈时间只有 15 分钟。您就做个简单的问候吧，千万不要谈什么商业提案，也不要谈什么新的想法。"

如同当头一瓢冷水，克劳雷感到，如此一来，从迈阿密赶来的意义就不存在了。"好吧。"克劳雷答应了一声。但即便秘书这么说，他还是决定坚持自己原来的想法，说出自己的提案。

和孙正义一见面，克劳雷就把自己的想法一口气说完了。他充满激情地讲述 Brightstar 是如何快速成长起来的经历，也谈及了正快速发展的返销贸易。

返销贸易是指与客户的契约终了后，把旧手机回购，然后，顾客可用这笔钱来买新的手机。

孙正义聚精会神地听完了克劳雷的说明。然后，直截了当地问：

"能不能给我们软银也做这个业务？"

克劳雷当然答应了：

"我就是为这个来的。"

孙正义当机立断：

"五天后开始这个业务。今天咱们签约吧。"

AT&T 花了 9 个月，威瑞森花了 6 个月，而孙正义提出只花五天就要干起来。

他是认真的："签约之前，你别出办公室啊。"但是，克劳雷这个时候要赶去中国："我接下来在中国有个演讲。"但是，孙绝不让步："不行，你得和我签约。"克劳雷只得马上和律师联系，在与孙面谈后六个小时内完成签约。

因此，原定提前一天到达中国，结果在演讲开始前一小时才赶到。

10 天后，Brightstar 开始为软银提供服务。虽然没有达到孙预期的五天时间，但也已经是极其迅速的了。

就这样，孙正义和马塞洛·克劳雷建立起了彼此信赖的合作关系。

Brightstar 开始为软银提供服务后,克劳雷有了新的想法。"结合 Sprint、软银和 Brightstar 的力量,来减少手机调整成本吧。"他马上把自己的想法告诉了孙正义。

两天后,孙正义打来了电话:

"克劳雷,这是个大想法啊。"

马上,名为"Buying Innnovation Group"(BIG)的合营公司就诞生了。孙正义请克劳雷担任 BIG 的 CEO,克劳雷欣然接受。BIG 主动承担帮助三家公司降低成本的任务并获得成功。

孙正义随即征求克劳雷的意见:"你要不要进董事会啊?"克劳雷同意了,并且在董事会上积极发言,出谋划策。

孙正义对克劳雷的信任与日俱增。

终于,孙正义向克劳雷提议:"你来经营 Sprint 吧。"克劳雷一开始拒绝了:"我要顾着 Brightstar 和 BIG,不行啊。"

然而,孙正义并没有放弃。

"这样吧,软银把 Brightstar 收购了,这样你就可以专心经营 Sprint 了。"

克劳雷还是很犹豫:

"比我有经验的人估计有 100 多个吧。"

孙正义再次劝说他:

"我不需要传统的通信公司经营者。我需要有创业精神的CEO。"

克劳雷听了孙的话，决定就任Sprint的CEO。

上任后的克劳雷马上行动起来。三周后，他同家人一起，从之前的据点迈阿密搬到了堪萨斯州。

孙正义和克劳雷的信赖关系也越来越深。

一直以来被威瑞森和AT&T两个公司落在身后、处于"独自认输"状态的Sprint，自从克劳雷就任CEO后，根据2014年10月到12月的速报，用户净增3万人。克劳雷还承诺削减15亿美元的成本；约2 000人的人员缩减也在实施当中。

当然，软银也不是什么都不做的。总部决定对Sprint在LTE网络的覆盖面很窄这一弱点实施援助。

继克劳雷之后，11月1日，孙正义派软银移动的专务董事宫川润一担任由克劳雷直接管辖的首席技术官。在技术层面上统筹谋略的宫川一直是只身担负手机业务基础整备重任的关键人物。把宫川这样的人才派去那里，足见孙正义率领的软银集团的重视程度。

今后，孙正义和马塞洛·克劳雷还将施展怎样的对抗战略呢？因为Sprint的重生与软银集团的威信可是密切相关的。

第一章　"3·11"与孙正义

与核电的斗争 >>>

2011年3月11日,日本福岛发生8.9级地震,数万人在灾难中丧生。3月12日,东京电力福岛第一核电站发生了氢元素爆炸,可怕的核电事故侵袭了整个福岛。

3月22日,软银集团社长孙正义踏上了福岛的土地。他来到设立在福岛县田村市综合体育馆的避难所,流着眼泪对每一位在这里避难的受灾者说:"你们快一点离开这里,越远越好。你们前往九州的费用由我来承担,居住的费用以及你们的工作,我尽量想办法解决。像目前这样,即使你们大人尚安好,但孩子们实在太可怜了。"即便是被鄙视为胆小鬼,但是在危机降临时刻,"三十六计走为上计",等到确认安全之后,再重返故地也不为迟。这就是孙正义在"3·11"事件时，所采取的务实态度和做出的理智决断。

孙正义曾经在看一位受海啸侵袭的少女冲着大海的方向撕心裂肺地哭喊着"妈妈！！"的影像时潸然泪下，深切感受到在灾难面前，企业所必须肩负的社会责任。因此，他以最快的速度投入到震灾地区孤儿的救援工作中。早在孙正义进入福岛之前，他就已和以自己的家乡佐贺县为首的西日本各县的知事（知事是日本国内一级行政区"都、道、府、县"的长官，大致相当于中国的省长——译注）进行会谈，为多达30万的受灾群众的接纳工作开展前期准备。不仅仅拥有社会责任感，同时也拥有战略家般的智慧和魄力，这就是孙正义的强大之处。

对于海啸引起的核电事故，日本政府的应对处理总是游移不定，一拖再拖，造成越来越多的居民受到不必要的核辐射影响，同时也造成多数民众由于各种谣言纷传而动荡不安，蒙受损失，民众对于政府的信任度一降再降。可是孙正义所采取的明智而卓越的危机处理对策，始终没有被接纳。

东京大地震后，余震不断；东京电力福岛第一核电站爆炸事故之后，核辐射污染不断扩大，导致全国民众的极度恐慌。面对严峻形势，2011年4月22日，软银集团社长孙正义在自由报道协会主办的"关于东日本大震灾"的

第一章 "3·11"与孙正义

记者招待会上,发表了慷慨激昂的演讲:

"现在是国难当头。我上月去了福岛,直到现在,我都心如刀绞,这种感觉难以言表。而且接下去不管发生任何状况都不足为奇,危机还将一直持续下去,赈灾将毫无疑问会是一场持久战。福岛第一核电站事故,对于当地因为地震和海啸而备受苦难的居民来说,无疑更是一种雪上加霜的悲剧。

"我接下去的发言,对于受灾的全体民众,甚至对于全国民众而言,可能会增加心理上的痛苦,甚至会使得更多民众因为谣言而受到伤害,因此,我是谨小慎微、反复思量的。但我认识到,这是涉及国民所关心的重大事件,因此,我并不打算只停留在单纯地批判上,而必须开始探讨能源政策转变问题,并且提出建设性的意见。为此,希望大家能够给我这样的机会以陈述我的观点。

"众所周知,我们公司的主业是移动电话、互联网以及相关的信息事业。许多用户曾经通过Twitter等批评我们公司:'与其在震灾问题、原子能发电问题上说那么多废话,还不如早一天接通电话!'这些批评不绝于耳,我们也深切理解大家的诉求。在发生地震、海啸之后,伴随着大规模停电,手机网络也随即中断了。为了让更多软银用户能够早日接通手机信号,员工们夜以继日地奋斗在工作岗位上,软银的工程师更是身先士卒。在多方面的努力之下，截至目前（2011年4月22日），我们位于东北、关东地区的手机基站的网络已经恢复了99%。因此可以说，我们公司尽到了自己的责任，哪怕只是一点点。

"我认为核电问题不仅仅是日本的问题，而且是整个世界的问题，可以说是对人类的一种挑战、一种考验。从这种层面来说，核电是很可怕的。今后，核电是否还有必要呢？是不是应该终止呢？而且，是不是能够终止呢？这不仅仅是福岛第一核电站的问题，而且关系到我们对现在全球都在运作的核电站应该怎么样去审视的问题。这一个月的时间，我都在苦苦思索，都在拼命学习寻求答案。

"恰好在核电事故发生的一年之前，也就是2010年3月，东京电力福岛第一核电站一号机跨过了其组装运营以来的第40个年头。当时，就对设备是否该继续运作进行过审议。最终的结果是：确认还能够追加运营20年，并得到了相应的技术认定书，东京电力向原子能安全保全院提交了今后10年的维护管理方针，并且得到了受理。历史是没有如果的，但如果在那个时间点上，能够进行更为严密的安全检查，并且在那个时候就停止运作的话，那么，今天这场骇人听闻的大事故就不会发生了。

"'原子炉压力容器'在今天是连小学生都知道的词，而连续40年受到中子冲击的原子炉，在地震、停电、异常高温或者气压上升的情况下，自身遭到破坏的危险性是相当高的。根据日本有关规定，在原子炉运作 30 年之后，就必须审议是否该继续运作。但不知道什么原因，这样的审议足足推迟了 10 年。全世界核电站原子炉的平均报废年限是 22 年，以此为据，福岛第一核电站一号机运行 40 年实在是太长了，本来就到了该寿终正寝的时候。这一次的事故又一次敲响了警钟。

"事实上，从整个世界的角度来说，核电站的建设高峰在 1985 年就已经结束了。就整个世界的能源政策来说，也已经从依赖于核能开始发生转变，利用核能的发电依存度也在下降。可是日本却不断地灌输'核电对环境很友好''核电成本很低'等思想，而继续发展核电，以至于全体日本国民也像是被洗脑一般，对于政府的宣传深信不疑。所谓的'安全神话'，真的是很可怕。"

关于核电成本的无稽之谈 >>>

"那么，究竟什么才是替代电力，发一度电需要多少成本呢？根据核电站事故之前的 2010 年公布的能源白皮书，太阳能发电是 49 日元，风力发电是 10—14 日元，水力发电是 8—15 日元，而原子能发电是 5—6 日元，因此核电是最廉价的一种发电方式。但是，今天我们有必要去重新审视一下，这本白皮书究竟是何人所作。因为它太令人怀疑了。

"在此之前，91% 以上、接近 100% 的人，包括我在内，都认为核电虽然很可怕，但成本却是最低廉的。

"但是在发生了这样一次大事故之后，人们不禁开始怀疑，核电难道没有另外的追加成本吗？在电力公司向经产省提交的设置许可申请书中，记载了核电的发电成本的实数。而白皮书中估计的核电成本5—6日元的标准其实是从1980年开始沿用至今的。但是在这之后，在核电设置许可申请书中所记载的数字是一度电十几日元到20日元，这个数字不是我统计的，而是电力公司的员工在正式的核电申请资料中记载的。

"因此，白皮书中所写的每一度电5—6日元的核电成本究竟是谁计算的？我对此产生了怀疑。在5—6日元的发电成本中，应该是隐瞒了核电的追加成本，如果将追加成本计算进去的话，应该会达到15日元左右。对于这一点，国民有知情权，而政府也有义务向民众公开。

"今后，太阳能发电的成本将不断下降，而利用石油或者煤炭等化石燃料的火力发电成本将会不断上升。而实际上，在2010年的时候，美国的太阳能发电和核电的成本已经发生了倒置。对于这样一个事实，在福岛第一核电站事故发生之前，又有多少日本人知道呢？

"因此，我们需要正确地估算核电的成本。除了十几日元的发电成本之外，还包括事故之后的损失赔偿费、庞大的废炉及废弃物的处置成本。这些成本并不是因为恰好日本这次发生了事故才会存在的。比如在法国，一旦要采取相关的事故保险，那么结合事故发生的概率，如果保险金额不达到核电成本的 3 倍，根本都上不了保险。而这已经是正式发布的估算标准。无论如何，相对于其他发电手段而言，核电的成本是最高的，这一点已经毋庸置疑了。

"又贵又危险的东西，究竟谁还需要它？是电力公司，还有就是制造商！！对于他们而言，不论多危险，不论成本多高，都要继续销售他们的产品。他们买入了核电的零件，并期望能够继续将核电站运作下去，最终通过各种手段在运营 40 年之后还得到了能够继续运作的技术评议书。这一切，国民并不知情，也根本未对此事展开过议论。"

满怀热情设立自然能源财团 >>>

"我觉得，对能源问题靠发怨言是无济于事的。为了能够重新创造一片让全体国民安心地居住几千几万年的土地，我已经下定决心设立自然能源财团。而我也将以个人的名义先向该财团赞助 10 亿日元。

"当然，我也深知这些金额是远远不够的。我打算以这 10 亿日元作为原始资本，用以对世界顶尖的 100 多位科学家的研究成果进行学习和推广，从而向日本政府提出政策上的建议和方案。同时，核电问题也如同二氧化碳问题一样，是全世界所关注的话题，因此想设立一个供全世界科学家交流对话、发表观点的平台，对于其他国家的政府也能够提出政策方面的建议。设立这样一个财团的主旨就是希望它能够发挥智库的作用。

"当然，在这个财团的能力范围内，还无法对于可再生能源进行普及，只是承诺它能够创造一个开始的契机，能够提供大家议论这个问题的契机。至于如何能够最好地利用这样一个财团，我还在努力学习，也希望借助大家的智慧。

"目前，全世界都在开发可再生能源技术，我也希望对于这个方面有所资助。当然，太阳能技术是其中一个例子。人们不可能在一天之中，以均匀的速度使用电力，有用电的高峰时间段，比如白天，也有不太用电的晚间人们入睡后的时间段。虽说我们有办法蓄电，但是蓄电本身是需要相当的成本的。在太阳升起时刻，本身也是用电量最大的时刻，高峰时间的用电成本必然是最高的。因此，是否可以考虑在用电成本最高的高峰时段，利用太阳能发电呢？当然，在没有太阳光照的时候，可以利用水力发电或者使用化石燃料的火力发电作为缓冲。

"日本的兆瓦级的太阳能发电实验场所设在山梨县，那里拥有可达两兆瓦的发电设施。通过各种实证得到的结果是：当太阳出现时，能够充分发电，阴天时发电量就会降低，而到了下雨的时候，因为没有太阳光照，所以无法

第一章 "3·11"与孙正义

发电。因此反对太阳能发电的人,基本上都是抓住了这样一个理由。

"'利用太阳能?下雨不就不能使用了?晚上也不能使用吧。所以这种东西靠得住吗?'这是反对者的意见。

"但是,正如我之前说过的有关高峰时段的话,并不需要一整天都使用太阳能发电。在太阳能不足时,用石油、煤炭作为补充即可。在阴天或者夜晚的时候,还可以用储蓄的水力进行发电。使用这样的方式来调整供需矛盾,促进供需平衡,就能够充分地满足现在的需要。

"在利用太阳能发电以及研究开发太阳能电池的机构中,排名世界前五位的,曾经有四家是日本的企业。这只是核电事故之前五六年的事情。毫无疑问,日本曾是利用太阳能的发达国家。可是现在呢?日本企业中夏普排名第三,京瓷排名第七,至于其他企业,都已经排不上号了。

"其他国家却使用了原本属于日本的技术,在太阳能领域里获得长足的发展,尤其是德国,增长速度是惊人的。为什么会这样?是因为在德国只要使用了太阳能发电,电力公司就会采购。电力公司并不只是采购多余电力,而是有采购全部太阳能发电的义务。根据2009年的数据,当时采购价格为一度电40—60日元,而这样的采购已经持续了整整25年。这就说明,德国采取了不依赖于原子能,而是转向自然能源的政策,这是他们政府的基本思想。正是在这样的基本思想指导下，政府采取了各种促进太阳能发电的政策。受此导向的影响，电力公司以外的企业也纷纷开始了发电的业务，整个国家都普及了太阳能发电。整个欧洲平均水平是一度电58日元。

"日本也对于这个问题进行了商议，而最终内阁会议通过方案竟然是2011年3月11日上午。也就是说，在当天上午内阁会议通过了今后以自然能源为主要方向的决定之后不久，地震和海啸就将福岛第一核电站给破坏了。这真是历史的偶然，即使写小说也不会如此凑巧！

"而结果是，从2012年7月开始启动'可再生能源固定价格采购制度'。电力公司有义务在一定时期内以国家规定的价格，对采用太阳能、风力、地热等可再生能源所开发的电力进行采购。过去即使有采用自然能源进行的发电，但电力公司的本意却是不愿意去采购的。因为他们根本没有做好接受的思想准备。但是，现状就是电力不足，因此，电力公司也就没有理由再说不愿意采购采用自然能源开发的电力了。"

孙正义的使命感 >>>

"2012年4月25日，政府的计算委员会制定全量固定价格采购制度，确定的太阳能发电的采购价格是一度电42日元。这正在我们之前估算的除去消费税之后40日元以上的范围内,可以说,和我们的预想完全吻合。这个数字基本上可以和世界水准持平。

"软银集团会依照承诺建设 200 兆瓦以上的设施。如果在这个规模以下的话,那么我们之外大量处于观望阶段的其他企业就会逐渐离队,那样日本向自然能源的转型就很有可能无法实现。

"软银集团在自然能源事业中出资规模占总资产的不到 1%。当然,我们会进行项目融资,因此项目本身会更加庞大,但是,对软银整体业绩所产生的影响还是微不足道的。而从风险控制的角度而言,该项目对于软银经营的重要性也是较小的。

"但是,这是作为国民中一员的社会责任,同时,我也贯穿着软银创业以来的宗旨,即'信息革命创造幸福'的理念。平时在两方面都有所追求,而今天核电问题让两方面有了'日本人是世界上最不幸的人'的共通话题。

"在这国难当头之际,我是否依然继续单方面推动信息革命,这是不是完成了我与生俱来的使命,这算不算是一种正义,我在内心十分苦恼。当我目睹了地震与核电事故的受灾者时,我内心最大的痛苦是感受到了自己的无力。我是否能够成为堂吉诃德,推动政府的行为?我不知道。我在自己的推特里这样写道:'我是不是过于自信了?'可是,我最终还是下定决心,对于自己非做不可的事情，就必须勇往直前。

"要促进日本的能源政策转换，其中，风险控制中重要的部分就是：在案例相当少的情况下，如果没有谁能够创造一个案例，那么这个国家就很难改变。而我们所扮演的角色就是，当整个世界还看不清动向时，拼命地承担风险创造最前沿的案例。我们必须努力地完成自己最重要的使命。

"关于对国民的电费所产生的影响，遗憾的是，这几年内所努力进行的自然能源发电，在整个电力需求中，只占据了极小的规模。因此，采购价格无论是42日元、35日元还是50日元，对于电费的影响可以说是微乎其微。这与在发生核电事故之后，东京电力公司准备上调电费10%相比，真是影响甚微。

"但重要的是，对于日本而言，在10年、20年、30年甚至50年以后，能源的供给将会发生变化。我们可以从对核电以及二氧化碳的依赖中走出来，政策转向于使用对环境更加友好的自然能源。这是最为重要的一点。而软银将为创造先例而做出自己的贡献。2011年作为日本能源政策转换年被铭刻在历史中，而我们将为此努力。"

政府为了什么而存在！ >>>

在"3·11"大地震之后，孙正义与日本全国17个县的知事有过接触，并且提出了尽早成立自然能源协议会，构建东日本太阳能产业带的构想。当时,日本全国已经有兆瓦级的大规模太阳能发电站了。2012 年,他与福岛县南相马市的樱井胜延市长一起,拜访了农林水产省,并为在南相马市设立太阳能发电站,对受灾地区进行支援一事,就有关农地法的修正进行了商谈。

"由于大地震,日本遭受了巨大损失。海啸造成的盐害是相当严重的,在接下去的数年内,地里都无法长出作物了。那么,就趁此时期,开展世界最大的太阳能发电项目吧。这不仅能增加受害地区的就业机会,同时也能够为日本带来一个安全而又令人安心的未来。目前世界最大的太阳能发电站是位于加拿大的萨尼亚电站,这家电站一直以发电功率 97 兆瓦而引以为豪。其他的自然发电还包括风力发电,目前也在全世界普及。而在最近,日本对于自然能源发电弃之不顾,总量仅仅为 2 千兆瓦。反之,中国已经达到了 26 千兆瓦,世界总量已经是 160 千兆瓦了。

"另外,丹麦利用海边的优势发展了风力发电。如果能够充分利用陆地和大海的潜在资源进行风力发电的话,日本全国的用电量基本上都能满足了。但是电力公司却不愿意采购风力发电。即使采购,所采取的价格也是相当苛刻的,几乎是让发电厂毫无利润,其意图可谓是昭然若揭。这种半死不活的价格显然是不合适的,况且即使发电厂发了电也未必会被采购。如此,日本的风力发电无法得到发展。为此，我们要问，究竟是谁在阻挠自然能源发电？

"因此，以这次事故作为契机，日本也应该追随世界的潮流对政策进行转变。大功率太阳能发电站是通过发电塔收集太阳光并产生热能来进行发电的。1.3千兆瓦的发电量相当于原子能发电1千兆瓦以上。目前，这种发电站以西班牙为首，在世界各地得到了普及。其中包括TROUGH 和 DISS 等诸多型号。

"日本所引以为傲的发电方式是地热发电，拥有世界领先的技术。在日本东北部沉睡着丰富的地热资源。全国拥有18家发电站，这种发电方式在全世界也逐渐得到普及。其中日本制造的地热发电设备占全球使用量的75%。可以说，'日本技术是世界第一'。但尽管如此，日本的地热发电数量却很少。这与风力发电存在同一个问题，即电力公司不会采购地热发电，这就是目前的体制。过去好不容易发展起来的地热发电，这几年却处于停滞状态，开发余力甚至达到了98%。

"地热发电的潜在场所在哪里呢？是在国立国定的公园内。

"因此，只要有国家意志，就能拯救国难。我想问的是：究竟政府是为了什么而存在的？在目前国难当头之际，是否将国立国定公园中能够采取地热发电的场所都利用起来，拯救国民于水火呢？

第一章 "3·11"与孙正义

"我今后会利用自然能源财团,对于全世界的案例进行彻底调查,从而弄清:根据日本的国情,最为适合的发电方法是什么?性价比最高的发电方式是什么?哪种方式安全新最高,危险性最小?等等。

"在发生事故之前,核电占据了日本发电总量的30%,而与此相对,欧洲在10年后自然能源发电占比将达到25%—30%,但日本仅为9%。日本的能源自给率很低,如果能够充分使用自然能源的话,就能够实现能源自给。石油、煤炭等化石燃料的价格一味地上涨,当然,核电的成本也将不断上升。但另一方面,自然能源的规模效应相当可观,随着技术的进步,成本将会不断下降。

"因此,国家应当采取怎样的电力政策,结论显而易见,是无须讨论的。对于国民来说,必须有相应的思想准备。目前,日本一户普通家庭的电费是每个月8000日元左右,会暂时性地提高到8500日元左右,但是,这只是暂时的。如果希望促进自然能源的发展,这种涨价是必需的。只要政府制定政策,规定电力的全量收购义务的话,那么电费仅仅会在短时期内有少许上升。当自然能源发电产生规模效应之后,价格就会下降到7000日元甚至6000日元。而反之,如果一味地依赖于石油、煤炭、原子能发电的话,价格毫无疑问还会不断上涨,当涨到1万日元以上就为时已晚了。

"无疑，在一段时间内，每月电费上涨500日元会让国民不满，但是如果不这样做，最终都会被税收所困。东京电力无法承担的成本由国家承担，而国家支付的成本来自百姓的税收，实际上还是等于电费涨价了。因此，我们为了构建一个安全而安心的国家，需要在短时期内提高500日元的成本，促使日本灾后复兴，同时，构建一个为我们子孙后代负责的国家。"

而此时此刻，日本的政治状况是：被电力事业联合会所控制的自民党、被电力总联俘虏的民主党、被各种招待和绵软无力的广告所饲养的媒体，"三位一体"地掌控了全局。在"3·11"大地震发生后的一年零三个月，与孙正义期望的相反，野田政府决定重新启动关西电力大饭核电三号机和四号机，而同时在福岛第一核电站事故后，本该定下的"运作40年后废炉"的原则，也在民主、自民、公明三党的共同意见下，逐渐被淡化。在这样的困难状况下，孙正义和他力推的自然能源事业，又该怎样应对呢？

"我并没有强制政府做什么事情的能力，自身也没有这个实力。但是核电问题确实是目前全体国民所关心的问题。因此，我启发那些由国民选举出来的政治家，国民所关心的问题就在这里哦。这看起来是绕了圈子，但也许是最好的正面突破了。

第一章 "3·11"与孙正义

"纵观近年来的海外民主革命,不正是每一个人通过各种信息手段发布自己真挚的诉求,而逐渐改变了世界吗?当然,我们的力量是微薄的,既没有什么奇思妙想,对未来也没有十足的把握。但是,我们却拥有非做不可的坚定的信念。

"人的生命是有限的。作为一个实业家,我的使命就是全力实现我的事业。因此,我以信息通信业务、信息革命为主业,将自己全部的生命作为赌注投入其中。在'3·11'之后,我整整苦恼了一个月:对于完全是外行人的我来说,是否应当涉足并非自己主业的核电问题?从盈亏分析的角度来说,我可能会亏得血本无归。甚至于我可能会成为他人攻击的对象。

"但是,人有的时候必须要伸张正义。

"在这个国难当头,人们的性命甚至于后代子孙的生命都面临危险的时候,我们是不是真的能够袖手旁观?政府当初对于18岁以下的学生所设定的核辐射安全标准是每年20毫西弗,与成人完全相同,也就是说对于孩子们丝毫没有任何照顾。当时我心底里想,这种事情能够原谅吗?真是一群混蛋,开什么玩笑!于是我下定决心,绝对不能放任不管!从内心深处,一种正义感油然而生。我决定在不给公司造成困扰的前提下,在自身能力范围之内首先跨出第一步。这是我现在真实的心境。"

第二章　灵魂的屹立

国籍的壁垒 >>>

1957年8月11日，孙正义出生于日本佐贺县鸟栖市无番地。

孙正义的祖父年轻时从自己的家乡——位于韩国东南部的大邱来到日本九州，曾在筑丰煤矿当一名煤矿工人。之后，在佐贺县鸟栖市定居，成为一名小小的自耕农。

有曾经的高丽将军孙干作为祖先，孙家世代都以将门之后而无比荣耀。听说在韩国甚至还有只有孙家人才可入葬其中的巨大的古坟。

孙正义的祖父是孙家第23代传人，他自身也常以将门之后而倍感荣耀，对于被金钱或眼前的利益蒙蔽双眼的行为，认为是极端下作而深恶痛绝。比如，在出售自己费

第二章 灵魂的屹立

尽心血栽培的稻种时，如果计算生产所花费的成本，卖100日元的话可以收支相抵。通常，人们都会加价卖到200—300日元，这就是所谓的生意。但是，孙正义的祖父却不以为然。他的售价定为105—110日元，获得的薄利仅够维持生计。他认为，希求更高的利益是违反人道。正因为他的这种思想，孙家一直处于贫困之中。

孙正义的祖母出生在韩国一个名门大家，曾经握有一座金山，过着富裕的生活。但是，孙正义祖母的父亲，即他的曾祖父，在一次给友人做担保人时遭遇了失败，金山的所有权也不得不落入他人之手。

"正义"这个名字，是父亲孙三宪起的，包含着"正义不可绝"的深切期望。

由于父母白天上班不在家，因此孙正义就是在这样的祖父母的看护下长大的。

祖母经营着一个养猪场，为了获取猪饲料，她平日里经常拉着两轮拖车，在家附近收集剩菜剩饭。孙正义从小就跟着祖母四处行走。当车里空着时，祖母会把孙正义载在车上。由于留有剩菜剩饭的残渣，地板总是湿漉漉的，脚容易打滑。看着为了防止跌倒而拼命抓着拖车边的孙正义，祖母说道："正义啊！听好了：虽然有各种苦难，但是我们能够这样活下去，都是周围人所赐。无论如何我们应该感谢周围的人们。"

祖母不断地向孙正义灌输这样的思想，也不知道她是因为出身名门，生来心地善良，不知怀疑他人，还是在人生道路由天堂掉落地狱之后，自己感悟出来的处世哲学。

但是，孙正义却对此表示反驳："奶奶，您说要感谢旁人，可是旁人并没有给我们饭吃啊？"

"不不不，我说的不是这个意思。"

幼年的孙正义总不能释然。直到后来，孙正义踏上社会，在公司就职，才逐渐感受到祖母对他的教诲是何等意义深刻。

孙正义的父亲孙三宪为了维持生计，在完成了义务教育之后，就开始行商卖鱼。当排行老二的孙正义出生时，父亲已经涉猎了包括咖啡馆、餐厅、弹珠游戏房等诸多行当的生意。

对于不断将生意做大的三宪，祖父总是很不开心，并不断地唠叨、说教："赚钱这种事情是最肮脏的，我们孙家没有这样的血统！"

与缄默的祖父形成鲜明对照的是，孙正义的父亲是一个开朗的人，经常会开一些玩笑；不愿意受制于条条框框之中，甚至觉得只有与众不同才有价值。孙正义继承了父亲的这一点。

在孙正义上幼儿园的时候，发生了一件对他冲击很大的事情。有一天，他如同往常一样走在从幼儿园回家的路

第二章 灵魂的屹立

上,突然,在他前面十米处,出现了一个比他年龄大的男孩子,他打量了孙正义一番之后,从马路边上捡起了一块拳头大小的石头。"朝鲜人!"说着就将石头扔来。孙正义躲闪不及,石头正砸在他头部,瞬间血流如注。剧烈的疼痛使他不由得蹲在了地上。

"究竟为什么?"对于一个小孩子而言,这打击太大了。

孙正义知道他祖父母是从韩国来的,但是他们家只说日语,也过着和普通日本家庭一样的生活。为什么自己要遭受别人凌辱?孙正义怎么都想不明白。

年幼的孙正义受到深深的困扰,心中留下阴影:自己和周围的人是不同的。即使在上幼儿园的时候,他都不断地在心里提醒自己:"绝不能告诉别人,我是韩国移民家庭出生的孩子。"即便是自己身边最亲密的朋友,这件事情也是绝对不会说出口的。

父亲孙三宪看着额头格外宽,长着一双聪慧的眼睛的孙正义,不禁在内心赞叹:"他绝对不是一般的孩子,他将是孙家一族的明星。"

孙正义从懂事时开始,就经常被父亲称赞:"你小子是个天才,不论做什么事情都能成功,你和那些小孩子不同,将来一定能成为日本第一的男人。"

孙正义在还不懂天才是什么意思的时候,就开始这样想:"父亲是不会说谎的,所以我就是一个天才吧。"

父亲的所谓的"洗脑"教育,对于孙正义的自我意识形成有着非常大的影响,他从小就不断给自己施加"我是天才"的暗示。

在孙正义上小学三年级的时候,他对自己说:

"将来我要做小学老师。"

但是,却遇到了问题。公立小学的老师属于公务员编制,要成为老师首先得有日本国籍。

孙正义向父亲求助:

"父亲,求求你加入日本国籍吧,不然,我就没办法做老师了。"

父亲面露难色,转身去了厕所,但是孙正义却紧追上去不依不饶。终于,父亲有些恼火地对他说:"你的心情我知道,可是当小学老师实在是太无聊的事情。也许不久之后不加入日本国籍也能当了。"

孙正义明白,他因为想当小学老师而逼着父亲加入日本国籍终究是行不通的。

可是,为什么国籍不同就不能当老师?因为国籍不同,人生就不得不被随意地左右吗?这实在是很矛盾。孙正义深深地感受到国籍就像一堵厚厚的墙,竖立在他面前。

你小子是个天才 >>>

孙三宪从不会对孙正义说"快去学习"之类的话。但同时，不论他取得多好的成绩，也不会给予任何的表扬。对于那些通过背诵或者模仿他人而取得的好成绩不做任何评价。复制他人的成功，只能证明你也只是平凡无奇。

孙三宪只有在孙正义想到一些别人都没想到的事情，或者对于某一个问题有独到的着眼点时，才会给予表扬："果然，你小子是个天才。"

在孙三宪要开一家新的餐馆时，关于取名的事情问了正义。"你觉得起什么名字，会吸引很多客人来？"甚至连"你认为价格定在什么样比较合适？"这种问题都会很严肃地问正义。而每当正义提出他的点子时，孙三宪都会说："哇，这个真不错，你小子果然是个天才，那我们就这么做吧！"

孙三宪并不是表面上的称赞，而是真的发自内心的赞叹。自家店铺的宣传单上使用的都是孙正义画的画。孙正义虽然只是一个孩子，但却能够预测到自己出的主意中，怎样的建议会被接受，怎样的建议不会被接受。

孙三宪一心想扩大自己的生意范围，对眼前挣钱的事情却考虑甚少。他更多考虑的是，如果客人蜂拥而至，该怎样应对，并做着各种准备。

有一次，孙正义突然说道：

"下次在百货商店附近开一家名叫'山小屋'的餐馆吧。"

"山小屋？"孙三宪不解地问。

"在城市中，用原木或其他什么材料建一个山中小屋风格的餐馆吧。这样的话，大家能够感到内心的安详。"

孙三宪听从了正义的意见，在百货商店附近用原木建造了一座山中小屋风格的房子。制作柱子的木头表面用火烤过，看上去就像是拥有壁炉或者暖炉的小屋子。

孙正义协助父亲，乘坐卡车去河的上游，捡来石子和岩石。父亲在准备的过程中也不时地问他各种问题。

"以这样的形式派发免费的咖啡券，如何？"

依然还是小学生的孙正义绞尽脑汁做出了自己的回答。

"哦哦，这个不错唉，你小子果然是个天才。"

其实这是孙三宪自己想出来的主意，但是归功于孙正义。这就是他的教育方法。哪怕是只采用一小部分孙正义的意见，孙三宪也会告诉孙正义。

"这是用你提出的建议定下来的哦。"

每当听到这样的话，孙正义总是无比高兴，于是更加积极地去思考各种主意。也正是如此，孙正义从懂事起，就渐渐通过自己的亲身经历了解了如何利用资金进行商业运作。

孙正义在小学六年级的时候就率先成为学生会长的候选人。

孙正义为开朗而渴望自由生活的坂本龙马所倾倒。

"我也想做一些让人热血沸腾的事情!"

自己身边的那些人,做着各种各样的工作,住着大房子,开着进口车。孙正义觉得,自己绝对不比这些人差,即使就这样下去,也一定能够过上这样的生活。但是,他绝对不愿意过着只求吃饱饭,然后浑浑噩噩等死的生活。

"我一定要像坂本龙马一样,坚持自己的志向,最终燃尽生命而死!"

小的时候,孙正义有美好的理想。曾经考虑过将来成为小学老师、画家、企业家、政治家中的某一个。这四种人的一个共同点,就是都需要有创造性。即使是小学老师,也能由于自己恰当或者不恰当的教授方法,激发起学生的学习兴趣或者扼杀它,可以说是一种人格创造的工作。而政治家的工作则是创造一个新的国家形态的工作。

至于小学老师,因为国籍问题已经不可能了。于是只能在成为企业家还是政治家之间进行抉择。面临人生第一次重大抉择的分岔路口,孙正义最终决定成为日本第一的企业家。

"坂本龙马所处的幕末时代,政治变化风云莫测。而如今政治已经越发成熟,甚至已经到了'腹艺'(原本是指一种不用开口的艺术表演,这里特指日本的政界很多潜规则已经可以不言而喻——译注)的时代。已经没有任何创造性，无法再让我热血沸腾了。"

父亲孙三宪对孙正义的影响也是巨大的。随着孙正义的成长，孙三宪的生意也不断扩大，事业的中心从餐饮转向了弹珠游戏房，最后还拥有了十几家连锁店。

在美国邂逅"黑船" >>>

1973年4月，孙正义进入了九州名校久留米大学附属高中。

第一学期的成绩排在300名学生的30名左右。该所高中根据惯例，只要能够进入前60名就能考进东京大学。孙正义当时这样想：

"从东大经济学院毕业后，自己开创事业，成为日本第一的企业家！"

孙正义在高一暑假参加了在杂志中发现的英语研修旅行团。

"如果想要成为日本第一，就必须先看一下世界第一的美国。"

美国是日本的模仿对象，因此，如果不亲眼看一下美国究竟是怎样的国家，也谈不上成为日本第一。

孙正义看着当时发行的护照，在本名栏中写着"孙正义"，在下方写着"安本"。"安本"旁边注着"通称"（相当于"常用名"——译注）。"这个'通称'实在有些奇怪。"明明有世代相传的姓氏，却不得不用"通称"，又不是改了名字，也不是起了艺名，实在觉得有些不自然。

英语研修的场所是在加利福尼亚大学伯克利分校。所有修学旅行的学员住在暑期空闲的学生宿舍中学习英语。

"我也要在这里学习。"他突然涌起了这样的想法。孙正义彻底被美国这样一个国家所吸引。

"美国真的是一个好大的国家，不论是公寓还是大学，和日本相比，大小根本不是一个等量级。这里所有的一切都充满着活力和创造力。"

一个月的逗留期间，"想在美国学习"这样一个小小的愿望逐渐膨胀起来。"美国这样一个国家，我想了解更多，更深……"这样的想法逐渐成为一个谁都无法打破的如钢铁般坚硬的信念。

1974年2月，孙正义踏上了去美国的征程。坐在已经从机场起飞的飞机上，他俯视着逐渐远离的故乡的土地，对自己说道："为了获得大义，有时候不得不让人哭泣。人生之中，为了大义，就必须做出抉择。"他此刻所感受到的心境，正如坂本龙马看透了保守的土佐藩，而毅然决然脱藩时刻的心境一般。

孙正义进入了位于旧金山的塞拉蒙特高中。在这之后，他挑战了获得高中毕业资格的考试并获得了成功。他于比尔·盖茨在哈佛退学的前两年，即1975年9月开始了在圣名学院的学习。

孙正义与单芯片微处理器的"命运"般的邂逅就在入学不久之后。所谓的单芯片微处理器,就是将电脑的中央处理单元(CPU)和周边的集成电路(IC)统合在一起的装置。在他偶尔买到的杂志《Electronics》中,登载着英特尔公司开发的8080电脑芯片的大幅照片,一张彩虹色的美丽照片。他感受到一种让身体都为之发抖的激动,不知不觉间眼泪就流了出来。

"人类终于发明了超越自己的'智能'生物了……"

在这之后的半个月里,他将这张照片放进了透明的塑料卡片中,夜晚垫在枕头下睡觉,白天就放在书包中。

孙正义现在回想起那种兴奋的感觉时,这样回忆道:"最多情善感的青春期,普通的年轻人讴歌青春的方式,想必至多就是将橄榄球用力扔向大海,大声呼喊'混蛋!'之类吧。但是就在这样的时期,我所经历的是比这更加令人感动的事情。当时的大人们的眼睛已经浑浊,认为那只是一个玩具。在他们的嘴里,认为用电脑进行工作,就是必须购买那种大型的成套设备。比我们更加年轻的一代人,他们还是孩子,仍然不懂事。而我们这一代人,是关于世界有最多感想的,今后的日子还很长,我们有足够的时间去看待身边的事物。而且,我们也不必为了要吃饭活下去而被眼前的利益所羁绊。我们不必太过于现实地考虑问题，可以用理想主义的思维方式去考虑问题。全世界的革命都是以学生为中心掀起的。明治维新也是当时的书生发起的。而带动数字信息革命的比尔·盖茨和我们等几个人拥有共同的背景，这也是历史的必然。"

全世界领导数字信息革命的 Sun Microsystems 的斯科特·麦克尼利、甲骨文公司的拉里·埃里森以及苹果公司的史蒂夫·乔布斯等，几乎都是与孙正义同时代的人。如果不在这个时代里，就无法掀起数字信息技术革命，他们都是在自己 15—18 岁的时候，遇见了单芯片微处理系统。这一系统对于他们而言，可以说就是"黑船"（*也称为火轮船，是指日本在由江户幕府统治的江户时代末期来自美国、俄国以及欧洲的蒸汽船，在这里喻指工业革命的产物——译注*）。

需要是发明之母 >>>

孙正义的成绩出类拔萃，和几名优秀的学生一起接受了校长的表彰。在完成了圣名学院二年级的学业之后，他于 1977 年进入了加利福尼亚大学经济学院，也就是成为伯克利分校三年级学生。

终于能够正式踏入当初高中英语研修旅行时所憧憬的校园了。而既然踏进了梦想中的校园，就要开始做下一步的规划了。

"毕业之后回日本开公司,所以,必须现在为此做准备。"

孙正义从来没有毕业之后到企业去就职的打算。为了自己创业,如果等到毕业之后再开始准备就已经晚了。在学生时代,就必须未雨绸缪,准备好资金以及运营企业所需要的知识技能。

有一瞬间,他也产生过到汉堡包店打工的想法。这样,就可以从最底层的末端观察店铺或者公司的经营,也是一个不错的选择。但是,不到5分钟,他就打消了这个念头。"打工的确能够获取经验,但是从时间效率上来说太差了。比起把时间投资于自己而言,获得的太少了。"

孙正义最终还是贯彻了自己要成为"学霸"的信念,为了让自己能够学到彻底理解为止,他根本就没有时间去打工。

"怎么办?"他想到了松下电器(现在的Panasonic)的创业者松下幸之助。

松下幸之助就是以发明能一个电源接两个灯泡的二元插座以及比之前的灯泡亮度和耐久度都要高的炮弹型电池式灯泡等新产品为契机,构筑了整个松下王国。同样是人,松下幸之助可以做到的,自己也能够做到。

"对了,发明!用发明去挣钱。"

孙正义开始行动了。为了募集创业资金以及自己的生活费，他选取了几个方案，希冀早日实现商品化。

比如西洋式坐便器的罩子。在使用西洋式的坐便器时，总让人觉得他人的臀部和自己的臀部会有接触，时常会觉得很脏，而且坐便器又硬又冷。如果用布做的罩子罩上，当然会变得又柔软又暖和，但是那种令人厌恶的感觉还是存在的。

于是孙正义想了："用发泡纸做便座罩子怎么样？"他在麦当劳吃巨无霸汉堡包都吃得快吐了，为的是将其罩纸收集起来，然后将罩纸切开后制作成坐便器的罩子。这种罩子既温暖又柔软，而且因为是一次性的，所以就不会产生讨厌的感觉。价格不贵，制作也很简单，因此如果商业化的话，估计很快就能成型。如果能够向全世界供应的话，将会是一笔很可观的收入。

但是，孙正义很快否定了自己的设想。"既然以整个日本，不，整个世界作为自己事业开创的对象，从坐便器罩子开始自己的事业，志向似乎有一点太低了。"

他将包括坐便器罩子在内的所有只是为了挣钱而发明的东西全都舍弃了。

在他的发明库中记载的250种发明中，他开始将精力集中在了"有声电子翻译机"上。这是一个集合了发声系统、字典以及液晶显示屏，然后用电脑进行控制，带有合成音效的电子词典。在海外旅行需要与外国人交谈时，只要在如同计算器大小的翻译机中输入所需了解的问题，如"有没有到机场的近道？"这个机器就会立刻翻译成法语或英语，并且同时发出语音。

孙正义认为，不论开展何种事业，电脑的使用是必不可少的。而且，有声电子翻译机比起坐便器罩子，制作起来要难得多。他必须制作了第二、第三部样机，不断进行试错才行。不论开展什么事业，都必然会有这样的经历。

"我的梦想就在于此！"

孙正义设计了系统的框架。但是，不论是发声系统、程序还是其他内容，任何一个组成部分都包含着非常深广的知识。如果孙正义自己一个一个开发的话，猴年马月也完不成。

"那就召集一批专家组成一个项目组吧。"

他当时考虑，在完成之后，自己拥有专利的97％，而将剩下的3％转让给项目组成员。

第一次担任项目领导者 >>>

孙正义为了制成一心想完成的发声电子翻译机，决定自己挂帅，成立一个项目组。他很快草拟了一份包括大学教授和研究人员在内的名单。

毕竟是诺贝尔奖获得者辈出的加利福尼亚大学伯克利分

校，比日本有出色得多的电脑技术的专家，同时还有以德语、意大利语、法语等语言学家为首的各种必需的人才。

他以计算机学院教授为中心，开始了电话攻势。

"关于程序，最有能力的教授是谁？"

"发声系统的权威是哪位？"

他向每一个教授以及研究院询问，随着他不断地打电话询问，有一个共同的名字逐渐浮现——伯克利分校宇宙物理学教授福利斯特·摩萨。

孙正义首先向摩萨教授抛出了橄榄枝。他是首先利用单芯片微处理器开发语音系统并成功地商业化的人。

孙正义下了决心："项目中的所有研究人员，必须是世界一流的研究者。而为了得到那些研究人员的信任，首先必须攻克的关键人物就是这位摩萨教授，因此，必须先说服他，以此成为突破口。"

于是，他马上和教授约定了时间，登门拜访。留着小胡子、穿着拖鞋的孙正义来到了教授的房间。

"我想开发一款有声自动翻译机，希望您能够加入团队。"

孙正义像是上足了发条的钟摆一样，滔滔不绝地讲述着自己的想法。看着这个来自东洋的怪人，摩萨教授一时有些不知所以。

"这个人莫非是自大妄想症患者吧。"

但是，渐渐地，教授被孙正义的话所吸引。在孙正义说明完毕之后，他的眼中闪耀出了光芒。

"嗯，好像是挺有趣的事情。"

"希望您能够加入我们开发团队。"

"但是，我很忙。"

"我知道。但是这个设备会使用到您发明的语音系统。当然，不会让您白白劳动的，因为是项目，所以是有经费的。对您是以小时计报酬的。"

摩萨教授同意了。"如果这样的话，那好吧。"

"可是，我现在没有资金，但是一定会支付您的报酬。支付方式就是'成功取酬'，当我做完试用机型之后，就会卖给别的公司，然后从合约金中支付费用。"

他询问了摩萨教授需要支付的酬金，并且约定以小时计酬。摩萨教授也接受了他的提案，表示只要能够如约支付报酬就行。

谈判成功了。教授说道：

"像这样的一个项目，必须有一个能够管理全局的人。因为是你提出的方案，因此必须明确以你为项目领导者。"

孙正义被教授的提议深深感动了。

由于关键人物摩萨教授已经被成功说服，孙正义之后又与最早为美国航空航天局（NASA）的阿波罗号宇宙卫星

第二章 灵魂的屹立

装载微型处理系统的硬件设计者、人造卫星电脑组装的技术人员、美国劳伦斯伯克利国家实验室的原子能科学研究所软件设计者等进行了商洽，得到了所有人的支持。与摩萨教授同样，大家都约定以"成功取酬"作为支付方式。

于是，一个拥有了不起的成员的项目组诞生了。

孙正义是其中最年轻的，也是知识最贫乏的，但是作为全员的协调者，他却时时刻刻对项目组的教授们进行着鞭策。

"老师，那个完成了吗？"

"请一定要在截止日期前完工哦。"

而项目组的成员也听从他的指挥，作为一个学生的孙正义却能得到如此的支持，他沉浸在一种彻底解放的愉悦之中。

在日本的时候，因为他是韩国移民的第三代，因此属于少数族裔。而在美国却是各种人口混杂，除了在美国本土出生的，都算是少数族裔。

"国籍不同算得了什么？即使偶尔国籍不同，但彼此之间也不分上下。"孙正义这样想。这是精神上真正的自由。这时候，他给中学时代的朋友写信，寄信人不再写他的日本名"安本正义"，而使用了"Jung eui Song"（"正义·孙"的韩语读音——译者）的本名。

有声电子翻译机的诞生 >>>

1978年9月23日,刚过中午,孙正义来到了位于伯克利分校内一座小山上的宇宙科学研究所。

"按照之前的约定,今天应该是样机运作的日子。不知道进展到哪一步了?"

摩萨教授指着隔壁的房间说道:"目前主要是切克在负责,你可以问一下他。"

"嗯,我知道了。"

孙正义一边低声说道,一边下意识地卷起了袖子。切克·卡尔森是在阿波罗登月飞船首次搭载微型电脑时参与整个项目的优秀硬件设计师,但是,在这一次项目中几次造成延迟的也是他。

"如果今天还是不行的话,就要好好地上一下发条了。"孙正义心里想着,打开了门。

"哟,阿正。"

这一次是切克先打招呼。孙正义感觉到了气氛有点不寻常。平时一直是一副苦瓜脸的切克,这一次却是红光满面。

"它启动了哦。"切克得意地说道。

孙正义一下子跑上前去,切克得意地笑着说:"好了,看看吧。"

试用机器是一个黑盒子,孙正义小心地在贴着字母标贴的键盘上按下了"Good morning"。屏幕上显示出了他输入的文字。

然后他立刻按下了"翻译"键。屏幕上显示出翻译后的德语"Guten Morgen"。又按了一下"发音"按钮之后，机器中发出了"Guten Morgen"的声音。

孙正义不由自主地跳了起来。"成功啦！"他拍着切克的肩膀，非常高兴。

可是高兴了不一会儿，他立刻恢复了情绪。

"接下去还要提高检索的速度。此外，我还考虑了能够压缩容量的算法。"

他将自己考虑到的向切克一一说明。

切克听着他的话，不停地回答"正是这样""这个有一点不妥，不如那样比较好"等等，也提出了自己的意见。

孙正义在与切克的交流中，也不断调整着整体的计划日程，并思索着这个机器究竟能够做到什么程度。

该项目组是由孙正义进行整体的发明方案的制定，然后有五名可以说是世界顶尖的技术人员组成，他们各自承担自己擅长的领域。"切克的确是一个很有能力的技术人员，可是他总是不经意地陷入对于功能细节的过分追求中，这会贻误时间，造成一定的麻烦。得想办法既要发挥他细节处理的长处，但又不能影响到整体的进度……"

在这之后不久的一天，孙正义给一个名叫陆弘亮的人看了他制作的黑盒子。

陆弘亮是他最早的经营伙伴，出生在中国台湾，6岁的时候跟随父母去了日本，并在日本成长到18岁。在日本的高中毕业之后，来到美国进入了加利福尼亚大学伯克利分校，并且和孙正义一起成立了一家叫作Unison World的公司，孙任总经理，陆为副总经理。

"这是摩萨教授以及团队成员们经过努力，即将完成的有声电子翻译机。"

长20厘米，宽15厘米，厚5厘米，如同便当盒大小的有声电子翻译机的样机，其中包括机箱、屏幕和键盘。当然，里面的电脑也全都是由项目组开发完成的。当时制作的是世界上首部便携式电脑的原型，而应用软件就是带有语音的翻译软件。这是一部可以英语和德语互译的机器。但仅仅如此是无法商品化的，这仅仅是一个创意。至于形状和外观则是后话，为了商品化而设计外形那是厂商的事情。

陆弘亮兴奋地说：

"太了不起了！这个一定卖得出去。"

再也不来这种公司了 >>>

孙正义用包袱布把样机包好，趁着暑假期间回了一趟日本。

在回日本之前，孙正义就向索尼、松下等数十家日本公司寄去了信函。

其中，夏普、佳能、东芝、卡西欧等近20家公司给了他回复。孙正义最终决定在夏普和卡西欧当中选择一家。电子翻译机其实就是一个便携式电脑，因此，如果光有电子方面的技术，依然没有办法制作出好的商品，必须要寻找一家能够制作又轻便又廉价商品的企业。

与松下、索尼相比，夏普、卡西欧在电子计算器制作技术方面要更胜一筹。因此，孙正义认为后者拥有能够满足他开发要求的技术。

孙正义在夏普、卡西欧两者中又选择了一家。"目标选择夏普！"

最早在日本开发电子计算器的是夏普，虽然卡西欧在电子计算器的制作上也拥有很强的技术，但是必须考虑包括是否能够开发语音系统等电脑技术方面的综合实力。

对于孙正义来说，这是他踏上社会之后的第一次销售。他觉得就这样突然造访自己心仪的夏普公司进行推销，不会成功。

虽然这之前也有过数次与人谈判的经验，但是他依然忐忑不安，生怕被拒绝。于是他列了一个清单，将对方可能会问的问题以及对方可能会提的拒绝理由都列了出来。他觉得必须在仔细地思考应对之策之后，才能够去拜访最关键的夏普公司。

他决定将与夏普的谈判放在最后。

果不其然，最初的那些公司，连眼皮都没有抬一下。

"这种东西，根本没有办法制成商品。"

"你这个还不是完成品嘛。"

其他公司的反应也是如此。

连一点谈判的余地都没有。虽然孙正义已经做好了这样的准备，但还是觉得很受打击。就好比一个挑战武道馆的勇士被打得落花流水一般的心情。开门走出公司的时候，遍体鳞伤的孙正义感到身心俱疲。

"还能够签约吗？"

失败的前景似乎占了上风，但他还是将对方提出的意见一一进行了分析，并且发现了一些共同的倾向。

在跑了几家公司之后，孙正义的谈判能力也逐渐提高，而对方的反应也逐渐好转起来。

佳能的负责人看着他拿出的样机，说道："这个，挺不错的嘛。"孙正义感受到对方非常强烈的期待。

逐渐地，表示"一定要给我们……"的公司多了起来。

虽然他们并不知道孙正义是何方神圣，但是，他们看到他的团队成员之后，都对他的样机表示出了信任。

但是，孙正义并没有立刻给予明确答复。

在跑了18家公司之后，他终于跨进了卡西欧的大门，这是他曾经选定的公司之一。

孙正义乘着余勇，自信满满地认为，卡西欧也一定会有良好的反应。

卡西欧负责接待的是科长及其助理。科长盯着他的样机看了一番，说："不行啊，这个……"——极其冷淡的反应。

感觉在顺风顺水中被泼了一盆冷水。但孙正义还是冷静地回答：

"请别这么说，能否让我与更高层的人谈一谈？"

"不行，不可能让你和高层谈的。你这个东西拿到哪里去都是一样的。"

孙正义虽然表面上没有显露，但是内心已经翻江倒海。

"再也不来这种公司了。"他愤然离去。

向夏普专务董事的推销 >>>

第二天，孙正义来到了他最期待的公司，位于大阪市阿倍野区的夏普产业机械事业部。负责接待的部长看样子就是一个非常有智慧的人，带领着五六个部下。

部长在听了孙正义的说明后，将样机拿在手中。"虽然感觉很有趣，但还是不行，离商品化还是很远。"

"……"

自己最看好的两家公司居然给予了这样的评价，这是他没有预想到的。孙正义觉得非常心寒。

但是，夏普的部长的回应并不如卡西欧那么绝情。

"想法是不错，但还没有达到可以签约的程度。"

孙正义心里觉得稍有些安慰，他认为如果能够多谈几次的话，也许能够签约。但是他没有多少时间，再过一个月就要回美国了。

因为并不如卡西欧那般冷漠地拒之门外，因此还是可以寻找到突破口，打开门路的。

"和那个负责的部长谈可能比较花时间，应该和更高层的人谈。"孙正义从产业机械事业部出来之后，走进了最近的公用电话亭，给代理人协会打了电话。

"能否推荐几个与电脑专利相关比较强的代理人？"

在得到了几个推荐的名单后，孙正义给他们一个个打了电话：

"您知道和夏普关系比较密切的代理人吗？"

因为是盛夏，电话亭中如同蒸笼一样热，孙正义的额头上不停地冒出豆大的汗珠，但他依然坚持拨动着电话盘。

在不知道第几通电话之后，有人给他介绍了夏普电子计算器事业部专利的负责代理人。

孙正义立即去见了那个代理人。

第二章 灵魂的屹立

"夏普的话，与谁谈能够拍板？"

"专务董事、天理研究所所长佐佐木正，以及奈良技术本部长浅田笃，这两个人算是电子计算器事业部门中的泰山北斗了。"

"能不能给他们打电话呢？"

在代理人给他们打了电话之后，佐佐木正专务董事答应约谈。

孙正义将他的产品在日本的专利申请委托给那个代理人，并答应之后拜访他的办公室。

他马上又打电话给了刚才的负责部长。"佐佐木正专务董事答应和我见面了。"

"啊？"部长一听非常惊讶。

他虽然觉得很麻烦，但也没有办法，对孙正义说："在见佐佐木专务董事之前，先和浅田见一下比较好吧。"

其实，在第一次见面的时候，部长就认为这款电子翻译机很有意思，并且已经向浅田本部长报告了这件事情。孙正义终于成功地请出了佐佐木和浅田这两位夏普公司的大人物。

再一次来到夏普公司的时候，出来会见的是浅田。

浅田满脸笑容地说："这个东西可能会很有趣哎。"

孙正义几乎是飞奔着回到了宾馆，立刻和自己在佐贺县鸟栖市的老家打了电话，通知了这个消息。

他兴奋地和父亲孙三宪说:"要和电子计算器巨头夏普的专务董事佐佐木见面了。也许可以成功签约了。"

"哦,这可真是了不起。"

"爸爸,你也来见见吧。"

对于孙正义来说,这也许是人生第一次重大战役,而且到了决定胜负的时候了。他也希望让一直以来严格鞭策着自己的父亲看一下自己的英姿。不,是必须得看。而且,比起作为一个学生的自己一个人去,父亲同行能够更加得到对方的信任。

孙三宪高兴地说:"我去的话,也派不上什么用啊。"

"我知道,你其实不用说什么话啊,只要刚见面的时候打一声招呼就行,之后就全看我了。"

"这样啊,那好吧。"

第二天,孙三宪来到了大阪。

孙正义带着他父亲来到位于天理市的夏普中央研究所。

孙三宪在见到佐佐木和浅田之后,郑重地低下头打招呼。

"请您二位看一下犬子的发明。"

孙三宪说了这句话之后,就安静地看着孙正义和佐佐木之间的交谈。

在佐佐木的眼中,孙三宪是一个质朴但又透着认真的

第二章 灵魂的屹立

人。佐佐木多年以来，阅遍了无数商场上的人。他一眼就能够看出对方是不是冲着钱来的。他凭直觉就能洞察这一点。

"这对父子，不是为了钱而来的。"

孙正义在佐佐木面前打开了包袱布，一个配有键盘的黑盒子展现在眼前。

孙正义努力地介绍着他的机器，眼睛一刻都不离开佐佐木。这是一双清澈透明的眼睛。

"就像这样输入英语之后，就能马上翻译成日语并且发出语音。这是英语和德语的翻译机，但是能够转换成日语和德语、日语和法语等各语种，这样对日本人也会有帮助吧。"

佐佐木一边听着孙正义的介绍，一边实际操作着机器。

"嗯，这个东西真挺不错。"

东西不错，而孙正义这个青年也非常认真，这是佐佐木的直觉。

"这个青年，将来也许会有很大的发展。"

佐佐木一直都在负责电子计算器和液晶画面的制作，在这期间，时常能够感觉到，哪些是没问题的，哪些是不足的。

他在负责开发能够放进口袋的超小型电子计算器的时

候,产生了一个疑问。他发现软件有非常严重的不足,因此在软件上加强了投入。

但是,他所寄予厚望的理科出身的技术人员对于软件却很外行。夏普今后不能仅仅只是一个电器商,因此他将美术学校以及文科专业的学生也加入了软件开发组。

如果不培养软件开发人员,那么日本电子计算器好不容易能够在技术上领先全球,但最终还是会败下阵来。佐佐木很焦急。

但是,软件开发的迟缓使得日本的技术在整体上显得落后了。而在这个时候,擅长软件的孙正义出现了。这使佐佐木一下子来了兴致。"一决胜负吧。"他心中暗想。

"你和其他公司也打过交道吗?"佐佐木问道。

"是的。"

"松下电器怎么说?"

"基本上是吃了闭门羹。"

"是嘛。"

当时,孙正义和佐佐木都不知道实情。实际上,松下电器当时在创始人松下幸之助的亲自指示下,给了美国斯坦福大学1亿日元的资金,让他们开发电子翻译机。因此,不论孙正义的发明怎么出色,都已经没有谈判的余地了。

佐佐木又问道:"如果我们和你签约,那么合约金怎么处理？"

"作为公司收益，填充各种经费。"

佐佐木听到作为大学生的孙正义自己经营一家公司，非常吃惊，他也为这种积极进取的思考方式所吸引。

孙正义的眼睛里泛着炯炯的目光。

"那么这个项目是否能持续下去呢？"

"这不挺好吗？"

孙正义再一次去了浅田那里，更进一步地作了介绍，从而获得了认可，并成功签署了第一份合约。

合约金额暂定为2000万日元。拿到之后，孙正义意气风发地回到了美国。

在这2000万日元的合约金中，首先要支付团队成员的报酬。

而项目组在这之后，只要通过更换一枚IC卡，就能实现德语、英语、法语等五国语言的翻译功能。

这款机器成为此后夏普首次发行的掌上翻译机"IQ3000"，在世界范围内销售。

孙正义的第一次商业运作获得了一亿数千万日元的收入。

而这款机器在这之后又通过改进，成为能够记录各种信息的电子记事本。

做人的尊严 >>>

1980年2月,孙正义在加利福尼亚大学伯克利分校毕业之后,回到了日本。他把在美国开的软件开发公司Unison World交给了副总经理陆弘亮经营。

第二年,他在福冈市内的一幢老房子的二楼里租了一间办公室,用Uuison World的名称,开了一家策划公司。

在注册登记公司的时候,他将自己的姓名填写为"孙正义"。他舍弃了之前一直使用的日本姓氏"安本",而决心重新启用代代相传的韩国姓氏"孙"。

亲戚们拼命地制止他。

"正义啊,你还是小孩,真是不懂。一个学生,根本就不知道世间的险恶。如果你使用了你的韩国姓名的话,之后不知道要受多少苦。我们都是为你好,所以还是用'安本'这个姓吧。"

可是,孙正义根本没有打算听他们的话。

"我并没有像你们一样体验过很多辛苦,的确很多事情可能不知道。但是,这是我的人生,即使有再多的苦,我也认了。那种偷偷摸摸过日子的人生,绝对不是我想要的。"

"你不要现在把话说得那么动听,将来银行不会贷款给你,跟客户和员工也会很难相处的。"

"即使要比一般的路艰苦十倍,我也首先要维护自己做人的尊严。而且，那些因为我的国籍而远离我的人，今后我也一定会以他们为耻的。要我说，那些人才是真正的可怜虫，他们根本看不到事物的本质。"

这时候，只有父亲孙三宪什么都没说，默默地听着孙正义的话。他觉得，孙正义在美国不仅仅度过了自己的青春期，连关于自己国籍的困扰也烟消云散了。

日本近乎为一个单一民族国家，因此会很在意究竟是日本的血统还是日本以外的血统。而美国是一个多民族国家，本身就由各种各样的人构成。美国可谓是人口的大熔炉，因此根本没有必要为自己是韩国血统而感到纠结。但孙正义在今后的事业里，果真因为国籍的问题，受到过非常冰冷的歧视。

这是后话了。有一个叫北尾吉孝的人从野村证券跳槽到软银工作，在进公司之后不久，孙正义就对他说："跟住友银行绝对不要有业务往来。"

北尾询问了理由，孙正义的回答令人意外："住友银行某一个分行的行长，而且已经是连续两任了，居然对我说'不能和在日本的韩国人有业务往来'，这种企业文化简直是不可理喻。"

孙正义很少有这么情绪化的言论。

北尾吉孝说道："您说什么呢？我在所有的日本的银行里，对住友银行的评价最高。即使有一两个分行行长说这样的话，也不至于全盘否定吧。如果您因为这样的原因而不与住友银行往来，那还谈什么日本第一、世界第一？"

孙正义接受了他的意见："我知道了。我想见一下住友银行的负责人。"

北尾吉孝知道孙正义这个人有强硬的一面，但是如果这种意识太过于强烈的话，就会失去未来。而孙正义也意识到了这一点。

孙正义和北尾吉孝约见了当时住友银行主管营业部门的专务董事，邀请他来到软银公司。以此为契机，开始了与住友银行的合作。

40个创业计划 >>>

说起策划公司 Unison World，其实就只有孙正义和两名兼职员工。

挂的是公司的牌子，说到底也就是为了处理一些汽油费或电话费等而建立的一个公司的架子。实际上，这就是一个孙正义为了明确日后在日本开展什么业务，进行深入的市场调查，搜集各行业的现状信息，为创业做潜心准备的小型机构。他对自己说："既然要做，就绝对要做到日本第一。"

不论什么行业，要做到日本第一都不是开玩笑的事情，所面临的竞争不是一般人可以想象的。当今世界上的公司，哪个不是通过几十年的经验积累，逐渐增加固定客户的数量而一步一步成长起来的？要一口气追上它们绝非易事，而孙正义一旦踏进某个行业，就没打算半途而废。

自己身边的亲戚，有的不断地换着工作；有的游移不定地几次投入资金，从零开始创业，效率实在低下。孙正义从小养成的好胜的性格，使他非常厌恶这种做法。

"关键是选择什么为起步行业。一旦选择了，那么今后几十年内都要不断地持续努力。而为了选择这样的一个基础，花上一年到两年的时间都不为过。"

孙正义最为纠结的就是自己的起步点。

"目鱼子、鲷鱼子还有鲸鱼子，虽然同为鱼的孩子，但是长成之后大小迥异，这是从鱼子阶段就基本确定的，至少从概率上说是这样的。如果选择一个规模小、入手简单的行业作为起步点，那么 10 年、20 年后一定会遇到瓶颈。到时候就不得不改换业种。

"我不希望这样，因此要寻找一个有成长可能性的行业，并且以自己的智慧和才能将它的规模不断做大。希望能为日本第一，不，一定要成为日本第一，给大家看。"

孙正义将自己选择起步行业的条件列在了笔记本上：

"是否赚钱？"

"是否有开展业务的价值？"

"该产业就整体结构而言在不断增长。"

"不需要那么多的资本。"

"年轻人也能干。"

"能够成为将来企业集团的核心。"

"能够感受到自身创业的价值。"

"独一无二。"

"能够成为日本第一。"

"能够让人们幸福。"

"能在全世界扩展。"

"能够不断上进。"

孙正义一共列举了25项，并对每一个要素都赋予了一个指数。比如"新颖"这一要素的指数为20分满分，"对世界有用"的指数为50分满分，"能够以小资本运作"满分为30分。同时，对自己关注的例如生物技术、光通信、硬件销售等40种可作为突破口的新事业分别打分。他决定为总计得分最高的事业奉献终身。

他对打工的两个人说："我要五年挣100亿，十年挣500亿，总有一天，我的事业将有几万亿日元的规模。"

要形成几万人规模、几万亿日元资产的公司。对于孙正义来说，销售这种小规模的战术并不适合他，对于他来说最希望的是能够驾驭大规模的战略。

打工的两个人，对于他的这些话已经是听得耳朵都长茧子了。最初的时候，因为他是自己的雇主，虽然内心中觉得他是在讲天方夜谭，但还是假装听进去了。不过渐渐地，这两个人的脸上表现出了厌烦，最后孙正义说这些话的时候，他们连听都不听了。

两个月之后，两个人都辞职了。

人生只有一次。如果在这几十年内，无法找到能够让自己燃尽生命的事业，又算什么人生？如果只是为了让自己吃饱饭，或者只是把自己打扮得漂亮一些的话，那样的人生实在是太无趣。

也许自己的结局会像堂吉诃德一样，但若是为了自己追求的目标而耗尽生命的话，那一定会在临死前五分钟的时候想："啊，真是充满乐趣的人生，有意义的人生啊！"只有这样，自己才能说服自己。

转眼间一年过去了，但是，孙正义依然没有开始自己的事业。

他对自己有意关注的 40 项事业，每一项都收集了庞大的资料，并且制作了十年规划，并且预估了损益表、资产负债表、资金流动表、人员计划以及市场拓展计划、竞争对手分析、市场规模分析等等，可谓是做到了极致。他不断考虑，要成为自己突破口的事业，作为决定性的第一要素是什么？

而那时，他的耳中也听到了来自亲戚的责难：

"那么大动干戈地去美国留学，结果回来之后却变成了一个浪人。""老婆肚子里都有孩子了，不知道他究竟在想什么。"孙正义在学生时代就结婚了，妻子优美当时已经怀有身孕。

孙正义并没有将周围的言论放在心上，只是集中精力考虑自己的事情。当然，他内心也是万分焦急的。他希望能够尽快开始自己的事业，将自己的能力爆发出来，精力充沛地开始实现他的梦想。内心这种爆炸般的能量仿佛就要将他的身体撕裂。

他考虑的事业有以下几种：

电脑硬件公司、软件制作公司、贸易公司、医疗连锁机构、信息产业相关的出版社……不论是哪一种公司，他都相信自己的切入口是崭新的，必定是会成功的。

在通过了一年半彻底的调查后，他的目光盯住了最满足自己列出条件的电脑行业。他坚信："微处理器所给予的革命性的影响，首先以每个人使用的个人电脑开始，然后逐渐扩大。"

微处理器必然能够渗入到人们周围的日常生活用品，如电话、汽车、电视、电磁炉等。但是，孙正义却觉得这一些都难以下手，因为他既没有知识，也没有资本。况且，那些制作生活用品的厂商，只要拥有了嵌入微型处理器的技术，就能非常容易地生产出这类产品。因此，还是需要从更宏大的范围着眼把握。

孙正义在创业之前就曾经想过要能够掌控数字信息革

命下的基础建设。首先从个人电脑最需要的软件的流通开始。

"日本全国拥有数家电脑软件制作公司,而软件零售商有数百家,但是,为这些厂商和零售商提供中介业务的批发商却非常不发达。因此,这个行业可行!"

而同样都是软件,他决定从数量有压倒性优势的游戏软件入手。

对于很多创业者来说,经常从一个非常宏大的梦想开始,而对于眼前的事业规划却敷衍了事,经常以一种非常将就的方式开始事业。很多人自己的所谓梦想,其实也并不是什么了不起的东西。

孙正义抱有在中长期将自己的事业覆盖全球的梦想,对于眼前的规划,他也是尽可能地考虑其现实性。他将理想与现实完美结合起来。

他对夏普的佐佐木专务董事说:"我想去东京,你觉得呢?"

"当然,你应该去东京。"

软件行业当时尚未成熟。更重要的是,对于孙正义这样从一无所有开始起家的创业者来说,依然没有给予足够支援的基础。

在孙正义起家的福冈,信息密度过于低下。因此不论他怎样奔波忙碌,也很难开拓自己的道路。

"既然没有市场基础,那么与其困在九州这样的小地方,不如去东京闯荡一番。"

1981年夏天,孙正义来到了东京。

一无所有却想独占 >>>

1981年9月,孙正义在日本综合研究所的研讨会上,认识了明贺义辉与高桥义人,交谈之后,一拍即合,与他们创立的经营综合研究所各自出资50%,成立了新的公司,并将原本的Unison World改成了"日本软银"。

孙正义认为,要经营软件流通行业,首先就要积累软件制作公司作为自己的客户。当然,如果没有自己的销售渠道,也就没有办法将软件集中在手。此外,非常重要的一点是,自己的公司要介入,对于软件制作企业来说,也必须要有好处才行。如果没有规模优势的话,那么软件制作公司还不如直接卖给零售商。

先有鸡还是先有蛋,这样一个生物学的命题,却成为摆在孙正义面前有待突破的难题。如何能够让自己在这个行业里声名鹊起呢?

有一天,孙正义听说在附近将召开一个名为"Electronics Show"的展示会,参展的是家电以及电子产品的公司。

"Electronics Show"每年10月在大阪、东京两地轮流召开，而这一年则是轮到在大阪召开。在众多厂商聚集之地打出自己的名气，这算得上是最合适不过的场合了。虽然比起大阪，在更多企业集中的东京效果会更好，影响可能更大，但是既然那一年决定在大阪召开，那也是没有办法的。

孙正义决心拿出 1 000 万日元资本金中的 800 万参展。

从周围人来看，这简直是鲁莽的行为。但是采用小规模而不彻底的战术，使用的资金虽少，却等于完全打了水漂，志向也会降低。与其这样，倒不如一鼓作气来一次大规模的决战。

孙正义和他的员工植松逸雄一起，拜访了各家软件制作公司，进行游说。

"场地费以及装饰费都由我们承担，您只要人和软件来就可以了。"

对于软件制作公司而言，虽然曾经多次接受过游说，但从来没有听说过这种交易方式，更何况是一家毫无业绩的日本软银公司。如果要委托这样的公司，又何必来参加这个展览会呢？这些软件制作公司思量着，对方必然是要好处的，否则为什么提出承担所有展示费用呢？

第一个听到软银这样说的公司的负责人，显露出了非常诧异的表情。有人则表示出非常强烈的不信任感："这个条件太好了吧，没有任何风险，难道不是诈骗吗？"

孙正义在解释之后再次强调："真的是毫无风险，请你们在我们展位参展，我们借了一个大型的展位。你们这样借了一个小展位其实效果也非常一般。但是如果在日本软银的大展位内，各家公司联合参展的话，就会因为品种齐全而备受瞩目。你们制作的软件不更令人瞩目了吗？只有达到一定的量，同时品种齐全才是引人关注的绝对条件，难道不是吗？"

"Electronics Show"的日本软银的展位获得了盛况空前的人气，巨大的展位前客人络绎不绝。虽然最终成交量只有30万日元左右，但是客流量已经超过了松下、索尼一倍多。

孙正义在日本的首次出征就打了一个漂亮仗，他非常高兴。

在"Electronics Show"结束后的一个月，日本软银接到了上新电机的本部长藤原睦朗的电话。上新电机在大阪设立总公司时，是日本第二位的家电销售商。但是孙正义连这个名字都没听说过。

藤原在电话中说道："能和我们社长见一面吗？希望你们能够协助进行软件的采购。"

数日后，上新电机社长净弘博光来到了日本软银的事务所。

第二章 灵魂的屹立

净弘社长看到前来迎接的孙正义,惊讶不已,眼睛瞪得像铜铃一样。

"藤原和我说的那个,就是你吗……"

他丝毫没有料到出来迎接他的人长着一张孩童般的面孔,说是学生也丝毫不为过。在租借来的办公室里,只摆着两张写字台,看上去非常的简陋。

孙正义看着净弘的表情,就大致明白了他一定是在犹豫,是否可以将大规模的软件批发业务,委托给这样的一家公司。

净弘在沙发就坐之后,郑重地说:"今后是电脑时代了。我们希望能够将销售场地扩大,能够大规模地开展业务。"

"是的。今后将是一个电脑具有巨大意义的时代。"

"话说回来,你准备怎么做呢?"

孙正义拼命地描述着自己的构想,净弘洗耳恭听。

"你们的交易对象究竟在哪里?"

"现在还完全没有。"

"资金有吗?不要紧吗?"

"不,现在几乎也没有。"

在一个个提问之后,净弘的脸开始抽搐。

"你们现在收集到了哪些产品呢?"

"实际上,我们现在正要开始收集。"

"那么你们知不知道日本交易的惯例呢？"

"不，我们不知道。"

净弘社长是上新电机的创始人，是经历了各种苦难熬出来的，看人的眼光也相当犀利。孙正义暗自想道："对于这样的人，说一些蹩脚的谎言，一定会被轻易识破。与其这样，倒不如坦诚以待。"

孙正义接着说道："但是有一点，我有不输于任何人的地方，那就是关于电脑的流通，我有将自己全身心投入的思想准备。这种热情不输于任何人。现在的确什么都没有，就如同雏鸡一般。的确，如果上新电机的采购负责人直接向软件制作公司询问的话，目前一定会比通过我这里采购更加廉价。比我谈判能力也会更强，也比我更加有知识。但是您可以想一下，这个采购负责人，他要负责电视机、音响、冰箱以及各种各样产品的采购。要将自己的精力放在各种产品上，每一样都需要去谈。但今后可以确认的一点是，电脑革命浪潮已经到来，软件数量也就不再是现在这样的规模，而会是几千、几万甚至几十万种。软件公司不是像松下、索尼这样的大公司。都是一群学生模样的年轻人成立的公司，开在哪里都不知道。软件采购必须在不断研究中，获得专门的知识，同时培养眼力。因此，专业性就会变得无比重要。如果采购过多就会产生不良库存。如果没有切实的信息，在整个日本采购软件事实上会是一件非常困难的事情。如果贵公司真的希望成为日本第一的电脑销售商店，那么不和拥有日本最多信息的人联手的话，成为日本第一将会是十分困难的事情。

"在调查软件之前，你知道在日本将市场调查得最彻底的人是谁吗？而能够一眼将这个人找出来，这要比拥有选择商品的知识更重要，难道不是吗？也许在你的身前，就有这么一个集热情与能量于一身的人。这个人就是我，目前的确除了热情以外一无所有。"

孙正义向前探出身子，用更加洪亮的声音说：

"但是，净弘社长，您在创业的时候，也不是立刻就排名日本第二、第三的吧？也是从一无所有、一无所知的状态起步的吧？也许您能够了解我的志向。如果您愿意将赌注押在我身上，我一定全力协助您打造日本第一的软件销售商店。将日本所有的软件收集起来，创造一家集所有产品于一身的、日本第一的商店吧！所以，请给予我们排他性的商品供给权吧！不要接受其他供应商的产品。与此相对，我也将全力以赴。如果能够有这样的合作机会，我还会提出更多好的主意。"

孙正义一口气说完了这些话。

净弘社长大声笑了起来：

"你真是一个有趣的家伙，什么都没有却还想要独占。"

但是，他立刻又恢复了认真的表情："我想起了自己年轻时的样子，所以我决定在你身上赌一把。全部都交给你了。"

孙正义探出身子："真的吗？"

"你给我好好干。"

净弘博光伸出了右手，孙正义将他的手紧紧握住。

一周后，孙正义来到了位于大阪日本桥（这里电器商店云集，可以与东京秋叶原媲美）的上新电机总店。他来这里是因为净弘社长对他说："不论怎样，先来看一下店铺。"

电脑软件摆放在玻璃柜子里，如果有客人提出要求，店员会用钥匙打开柜子拿出软件给客户看，同时进行解说。

孙正义在转了一圈后对净弘博光说："社长，这样是完全不行的。"

"你说什么？"

孙正义继续说："软件太少了，而且将软件锁在玻璃柜子里这种事情根本就是乱来。应该是一种开放式的柜台才对。虽然我知道您店里销售的主要是硬件，但这样是卖不出软件的。"

"那么，你说该怎么办呢？"

孙正义指着贴有硬件海报的一面墙说："你把这一面墙

都给我，我来做一排柜子并摆上软件。现在这样的话太浪费了。"

"但是需要收集多少产品，需要多少资金呢？"

"大约2 000万日元吧。"

"2 000万？！"

看着眼睛瞪圆的净弘社长，孙正义平心静气地说："2 000万的份额，如果要和采购负责人一一谈能够采购什么软件的话，效率太低，而且也没有时间。因此，给我2 000万的配额，软件采购和品种收集都交给我。"

"我知道了，那就交给你了。"

净弘继续说道："你说要开放式的柜子，那万一遇到顺手牵羊的怎么办？"

"出现顺手牵羊，那也是成本中的一部分。"

"当然，品种齐全是好的，但是如果出现不良库存怎么办？"

"不良库存一定是会有的。"

"那你这里接受退货吗？"

"不，现在没有接受退货的资金，将来不知道，但目前不接受退货。"

"那你怎么保证没有卖剩下的产品？"

"我不能做这样的保证，这也是成本的一部分。霓虹灯招牌也好，宣传册也好，这不都是成本吗？比起这些成本，只要客人中能够传出一句'这是日本软件产品最齐全的店'，就能招揽顾客。即使出现不良库存，只要有最齐全商品这样一个关键词，就能吸引大家来看。对于我来说，至少能够实现日本最齐全的软件销售店这一个目标。"

净弘看着眼前这样一个从容不迫的年轻人的英姿，不禁也被深深打动。

"是这样啊。好吧，那就试试看吧！"

以三倍面值的价格买下来 >>>

另一方面，孙正义自己也把目光盯住了软件制作公司。

当时全国 50 家软件制作公司之中，孙正义首先抛出橄榄枝的是排名第一的哈德森公司。

哈德森是由工藤裕司与工藤浩兄弟两人经营的公司。当时总部设在札幌，算是软件行业的领航者。孙正义就如同电子翻译机项目时一样，首先找到了业界的领头者。

"除了织田信长在桶狭间的奇袭战法之外，已经没有别的成功道路了。"

首先，他和哈德森公司的社长、身为哥哥的工藤裕司在位于赤坂的东京营业所会面。

事实上，在"Electronics Show"时，孙正义就曾经和工藤裕司有过交流，当时也请求他们在日本软银的展位上参展，但由于是刚成立的公司，对方有些信不过，因此最终还是没有答应参展。

这次的情景与上次大相径庭，工藤裕司在听了孙正义的陈述，看到了他的活跃表现后，感觉他并非只会耍嘴皮子，而的确是非常能干的一个人。商谈进展比预想中的还要顺利："和你们可以有业务往来哦。"

裕司让孙正义去见自己的弟弟、副社长工藤浩，因为哈德森的实务性工作是由弟弟全权负责的。孙正义紧接着见了工藤浩，当时正巧他来东京，就在赤坂的事务所。

孙正义自信满满地说："我想和你们签署垄断协议。也就是不通过我们，你们不能和软件零售店直接签约。"

当时，哈德森和软件销售店有直接的批发协议，并且和电波新闻等公司也签署了贴牌生产的协议，同时还通过邮购方式进行软件销售。而孙正义希望他们能够和这些客户全部切断联系，仅和日本软银签署垄断协议。

工藤浩听了这话，也有一些吃惊："如果只和你们公司签约的话，那我们公司的营业额就会减少。"

"确实，营业额在开始的时候会减少。大约会跌到一半左右。同时，有了我们作为中间商，需要收取中介费用，因此利润率也会降低。但是，我们不会采取不冷不热的销售方法。我们对于软件的销售有着无比的热情，会竭尽全力开展业务。因此不久之后就会赚到现在几十倍的钱。"

当时,虽然和上新电机的合作正在展开,但是还没有正式签约。因此没有什么业绩。

但是,孙正义又像对上新电机的净弘社长一样,将自己的热情和梦想讲述了一遍。

"总之,和我赌一回吧。一定会将销售额提升上去的。你们可以作为厂商,将所有精力用于软件开发上,努力成为日本第一;而我将所有精力用于销售上。"

对于工藤浩而言,这简直是天马行空,他盘着胳膊陷入了深思。

在经过长时间思考之后,他说:"你是个很有趣的人。好吧,我就在你身上赌一把吧。"

"非常感谢,我会好好干的。"孙正义深深地低下了头。

然后,工藤浩又问道:"但是,作为一个实务性的问题,你能够开出支票吗?"

"不,我们的原则是不开支票的。"

"那么,用什么作为信用保证呢?你能够给前期保证金吗?"

"大概需要多少?"

"这个嘛,大概3 000万日元吧。"

第二章 灵魂的屹立

3 000万日元……这是当时哈德森一个月的销售额。对于在"Electronics Show"上几乎用尽了资金的孙正义来说,不啻是足以让他跳起来的巨额数目。

但是,他如果在这个场合稍微示弱一点,这笔交易就可能会失败。能否准备3 000万日元,成为胜负的关键。在这个问题上,一步都不能退。

"我知道了,无论如何都会准备好。"

孙正义凝视着工藤浩的双眼说道。对方的眼睛里闪耀着商业之魂的光芒。

孙正义回到位于东京市谷的日本电视台大楼背后的日本软银办公室之后,立刻找到了他的共同出资人,也就是帮忙租借了办公室的经营综合研究所的明贺进行商谈。

"日本第一的软件公司哈德森表示,只要准备3 000万日元的预付金,就能给我们独家销售权。我们各自增资一半吧。"

这一次,明贺明确表示了反对。

"资本金1 000万日元的公司,在展会上就花费了800万。这次还要增资3 000万,这到底算什么啊?快别再做这种胡闹的事情了,太鲁莽了。要乱来也要有个限度!!"

他明确表示不会出这笔资金。

孙正义表示,如果在这里输掉的话,就会错失绝好的机会。

"如果能够拿下这个的话，就能获取独家销售权。如果拥有了日本第一的软件公司的销售代理权，那么他们现在的客户就全部归到我们的店里了。这样，先有鸡还是先有蛋的窘境就一下子打破了。你难道就眼睁睁地看着这个机会错失吗？这样的机会不会有第二次了。"

明贺根本不听孙正义所说的话，但在孙正义的一再坚持下，他不禁叹了口气说："你无论如何都要做吗？"

"是的，一定要做。"

"那么，我这里的股票你也全部都买过去吧。如果是你一个人的公司的话，怎么做就是你的自由了。"

"知道了，那我们就成交。"

现在就如此意见不合，将来必然也会发生同样的事情。既然如此，还不如早一点了断关系。

接着，明贺不假思索地说："你以三倍面值的价格买下来。"

孙正义瞪大了眼睛。日本软银成立不过三个月，如果要收购股票的话，以面值500万日元的价格也算是差不多了。现在不仅仅是亏损经营，要支付哈德森公司的预付金3 000万日元，还要加上三倍面值的股价，也就是1 500万日元，总计4 500万日元。要获得独家协议，就必须付出如此巨大的代价。

"这是决胜负的时候了。"

如果在此时讨价还价,两个人又争执不休也不是个办法。而且,如果将来事业进展顺利的话,反而会被对方说当初自己买下整个公司也是通过耍弄手段才得逞的,与其这样,倒不如就痛快地答应对方现在提出的条件为好。

孙正义忍住内心的怒火,微笑着说:"我知道了,我以三倍面值1 500万收购你的股份吧。"

在这之后,孙正义向工藤浩毫无隐瞒地说明了公司内部纠纷的事情。

工藤浩非常明确地说:

"当然是买断比较好。如果成立的公司是这种状态,只会让对方有不安的情绪。如果你是真心想做的话,那么现在这样不是比较好吗?"

"是嘛,您也是这样认为的话,真是太好了。"

电脑界的"灰姑娘"男孩 >>>

孙正义终于按照自己的愿望,在上新电机设置了电脑角,同时也花费了2 000万日元,采购了1 000种软件,放了整整一面墙。同时,他还大张旗鼓地宣传"日本第一的软件销售店"。

在电脑角焕然一新之后,上新电机的电脑部门的销售额一跃上升到过去的三倍。而之后更是牢牢占据了日本第一的电脑商店的宝座。

孙正义也第一次将大客户确保掌握在自己的手中了。

孙正义趁势又开始打入西武百货店、第一家电等零售商场。

"一击必杀！"

他对这些零售商场的负责人说："如果你们真想成为电脑的销售商店的话，就一定需要日本第一的软件吧。如果没有的话，就不可能成功。我们有哈德森公司的销售权，而且我们手上有这么多的产品。"

在看到了上新电机的软件销售角的照片之后，几乎所有的负责人都惊讶不已。

孙正义又开始新一轮攻势："你们商店的软件种类还不齐全，不如来大阪的上新电机参观一下吧。"

"是啊，这样的话，看起来和你们做生意还是比较好的。"大多数的零售商店都当场决定合作。

不仅如此，渐渐地，日本电脑厂商的营业人员也会将零售店介绍给日本软银。

"如果委托软银的话，就能收集到最全的软件。"

对于他们而言，为了销售硬件就必须有软件的支持。而他们也会对自己的客人说，拥有了哈德森独家代理权的日本软银公司是最好的。

通过人际传播，日本软银公司的名声越来越广。即使不去推销,也会有订单找上门来,而每当得到订单之后,孙正义都会在显眼的位置放上哈德森的所有软件,软银和哈德森的营业额激增。

软件厂商的订单也蜂拥而至。

"哈德森的销售额会如此暴涨,是因为软银的功劳",这样的评价已经传遍了日本的软件界。

日本软银以孙正义自己都想象不到的速度,如同滚雪球一般迅速扩大。

软银也由原来在千代田区麹町的18坪(约60平方米)和30坪(约100平方米)的两间办公室,搬到了位于千代田区四番町东乡坂附近的90坪(约300平方米)的新办公室里。大小几乎是原来办公室的两倍。里面甚至备上了商品柜和简单的打包机。

孙正义不管有多忙,晨会是必不可少的。有一天早上,日本软银依照惯例召开了晨会。他对大家说:"我们公司就是在经营豆腐。就像是数豆腐一样,一块(一兆)、两块(两兆)地将营业额增长上去(*日语中,数豆腐的量词"块"与"兆"字同音——译注*)。"

日本软银在将办公室迁址九段之后,又在半年之后将办公室扩充到了300坪(约1 000平方米)。一年半内,五度将办公室扩大或者搬迁。而销售加盟店也从原来的一家激增到了300家。

正如孙正义所喜爱的《孙子兵法》中所云,"其疾如风",此时的软银可谓是势如破竹。

在设立公司两年之后,电脑零售商店已经达到 4 600 家加盟店。

孙正义在业界内被誉为"电脑界的'灰姑娘'男孩"。

还剩五年生命 >>>

日本软银成立的第二年,也就是 1982 年春天开始,公司给全体员工安排了义务体检。孙正义也和员工一起参加了体检。

一周之后,拿到体检报告,当他看到自己的诊断书时,脸唰的一下白了。

"不会吧。"

他简直不敢相信自己的眼睛。诊断书上非常无情地写着"需要复查"这一行字。肝脏的 E 抗原比正常人的数值高出好几倍。他一直觉得身体很疲倦,原来不是因为太累了,而是因为肝功能低下。

孙正义立刻去了某所大学的附属医院,再一次进行了检查,仍旧显示数值异常的高。

负责医生对孙正义说了非常无情的话:"这是慢性肝炎啊。而且非常严重,你必须停下所有的工作,立刻住院,专心治疗。"

第二章 灵魂的屹立

孙正义恳求医生说:"能不能不住院,请想想办法吧。"

"很遗憾,已经到了这种程度,就只能住院了,不然性命不保。"

孙正义感到眼前一黑。一直很强势的孙正义这一次也不得不小心翼翼地问医生:"究竟多久才能治好?"

"是否能治好,还是个问题……如果变成了肝硬化,那就只能等死了。"慢性肝炎被称作不治之症,到目前为止,还没有能够根治的办法。

孙正义又问:"变成肝硬化需要多少年?"

医生皱紧眉头说:"也许是一年,也许是两年,至多也就是五年吧……"

孙正义没有办法,只能住进了这家医院。

自己住院的事,他对客户、投资商,甚至连自己公司的员工,都一直处于保密状态。

"日本软银=孙正义"这样的评价在电脑业界早就形成共识,如果知道孙正义住院了,而且得的是有性命之忧的病,那么不论是银行还是客户,都会对自己公司的信用大打折扣。融资也会终止,业务往来也会出现问题。好不容易一鼓作气爬上险坡的日本软银公司,也会瞬间滑落。

知道实情的立石胜义等干部对员工们说:"社长需要处理当初在美国的 Unison World 公司的残留事务,所以他必须去美国一段时间。"

孙正义每天都需要在规定的时间打点滴,在打点滴的时候,他什么事情都没法做,只能盯着药液一滴滴地滴落,或者盯着天花板发愣。他看着斑驳的天花板,想到"五年啊!"不知不觉间眼泪开始滑落,他感到脸颊有热热的东西。今后的事情越想越觉得一片黑暗,即使哭泣,心情也丝毫不会好转。

"公司成立至今,终于要到关键时期了,可是……"

而自己的女儿刚一岁半,妻子优美的肚子里已经有了第二胎。

"倒不如告诉我下个月就要死了,那样还轻松多了。不管时间多短,都要在这段时间里做最后的决胜。即使自己的志向只能半途而止,但也要拼尽全力,追求梦想到最后一刻。"

可是,就像抱着一颗随时可能爆炸的炸弹,今后的日子不得不过得如履薄冰、小心翼翼。即便如此,也只有五年的时间了。

自己究竟为了什么要拼命活下去呢?为了公司的员工、为了客户,还是为了自己的事业……孙正义不断重复着自问自答,但是却找不到答案。问自己的问题经常消逝在黑暗中。

夏普的专务董事佐佐木也非常担心孙正义。"如果你需要在疗养期间为公司招徕人才的话,我可以尽力帮你物色。"

孙正义表示,自己大多数的人才储备是够的,但是如果有金融方面比较强的人才,请佐佐木务必能够介绍过来。

佐佐木把自己的业务伙伴、日本警备保障公司(现在的西科姆公司)副社长大森康彦介绍给了孙正义。

大森康彦比孙正义大27岁,庆应义塾大学经济学院毕业后进入野村证券工作。在担任了企划部长、国际本部长之后,于1975年进入了日本警备保障公司,在担任了一段时间顾问后就任副社长。他对于金融相当熟悉。

大森于1983年4月,接任日本软银社长一职。

军师宫内谦 >>>

现任软银集团董事长、副社长宫内谦进入软银,是因为当时的软银社长大森康彦的一句话。

"宫内君,你准备一直做这些务虚的事情到什么时候?该做一些实业了。"

邀宫内加入日本软银公司的劝说,让宫内站到了岔路口。

宫内生于1949年11月1日,比孙正义大8岁,1973年毕业于京都府立大学家政系。大学时代曾经喜好过以著有书信体小说《许佩里翁》等倾慕古希腊的文学作品的弗里德里希·荷尔德林为代表的德国文学，希望自己有一天也能够写一本像样的作品，曾经在成为作家还是公司职员问题上左右摇摆。

毕业以后，进入了社团法人日本能率协会。

在日本能率协会工作时，以在某一本经济学杂志上关于企业领导者的专栏为契机，宫内与大森认识从而经常一起吃饭。这个专栏收入了时任日本警备保障公司副社长的大森。

不久之后的1984年，宫内接受了大森的邀请，与日本软银的创立者孙正义见了面。

对于第一次见面的孙正义，宫内感到有些吃惊。站在眼前的与其说是一个手腕老辣的经营者，倒不如说是一个少年。

长着年轻面庞的孙正义热切地说："再过几年，不仅是所有办公室的桌子上都会配置电脑，而且这些电脑都会联网。而当电脑如此普及的时候，我们的事业，也就是软件的提供，前景将会变得无比广阔。"

他又说道："我设立了电子信息公司，并且推动了技术进步。对于技术的普及也做出了自己的贡献。我希望通过这些，对人类和社会做出贡献。"

宫内在当时也感受到了电脑的魅力，自己买了一台，还尝试了各种操作。他对于电脑的计算速度啧啧称奇，并

第二章　灵魂的屹立

且认为只要集成电路能够不断完善，就能发挥各种功能。但是，他对于孙正义所说的，个人电脑将会取代目前在商务运用领域普及的大型主机，也就是所谓的"main frame"，连想都没敢想。

听了孙正义的话之后，宫内过去的见解彻底崩盘。他的话就是如此有说服力。

在孙正义的身上，并没有一般人那样被所谓的常识所局限的条条框框。在日本成长过程中吸取的日本文化，以及在美国留学时体验的美国文化，在他体内完美地融合。因此他经常能够从常识这一狭小的空间内突破出来。

特别是他在美国加利福尼亚大学伯克利分校（UCB）所学到的东西是非常重要的。加利福尼亚大学伯克利分校从电脑的萌芽期开始，就涉及了个人电脑的研究开发工作。以美国 AT&T 公司的贝尔研究所开发的操作系统 UNIX 为基础，开发了 BSD 以及 FREEBSD 等衍生的操作系统。同时，受到开发了互联网原型的 ARPANET 的 DARPA（国防高等研究计划局）委托，进行了在 UNIX 操作系统中追加 TCP/IP 网络功能的研究项目。在国际互联网的初创期的发展中起到了重大的推动作用。

电脑教室对于学生而言也是 24 小时开放。孙正义在那样的环境下感受到了电脑和互联网的气息，对于未来发展也是心潮澎湃。

英特尔创始人之一戈登·摩尔曾经提出过著名的"摩尔定律",即"集成电路的晶体管的密度,每18—24个月翻1倍,而个人电脑也将越来越廉价,所有人都能够使用"。而对于这一点,孙正义完全接受。

宫内感受到孙正义能够引领未来的超高能力,在1984年10月加入了日本软银公司。

但是孙正义对于宫内的第一印象,却和宫内完全不同。他曾经半开玩笑地对宫内说:"第一次见面的时候,小宫真是让人觉得很自以为是啊。"

宫内并没有记得自己曾经有过孙正义所说的那种态度,但宫内也是一个血气方刚的青年,也许他只是不希望自己会输给比自己小8岁的孙正义,因此就表现出了所谓的傲慢而自以为是的态度了。

在大森接任社长一年半之后,急速增长的日本软银的业绩也遇到了瓶颈期。大森所构筑起的组织关系网和人脉网的维系需要庞大的经费,这将员工们努力获取的盈利吞噬殆尽。

对于日益表现出不满的干部,孙正义能够做的,只有不断安抚并且依然力挺大森。

人生不在长度 >>>

1983年年末,孙正义的病状依然时好时坏,丝毫没有

第二章　灵魂的屹立

恢复的迹象。他也开始焦急。就在这时候，有一天，他父亲孙三宪来了一通电话。父亲的声音有一些发抖："正义，也许你的病有救了。"

"怎么回事啊？"

"刚才看到的周刊上发表了。"

父亲孙三宪介绍的那本杂志中，登载了这样一则消息：虎之门医院的熊田博光医生在美国的医学会发表了从未有过的肝炎治疗新方法。

孙三宪继续说道："你也让熊田大夫看一下吧。"

孙正义皱着眉头说："但是，我现在已经在这个医院接受治疗，并将自己的性命托付在这里。如果不断地换医院恐怕不太好吧。"

"你在说什么呢！接下去还有几年时间呢。难道不该尝试一下各种可能性吗？即使不行也无所谓，因为本来就没抱希望。只是让医生看一下嘛。说不定哪一个医生就把你治好了呢。"

孙正义接受了父亲的意见。

1984年3月13日，一个春意渐浓、阳光明媚的日子，他住进了熊田医生所在的虎之门医院川崎分院。

真正开始接受治疗是3月17日。

他在住院期间，为了扫除心中的阴霾而带了一本时代小说——司马辽太郎的《龙马来了》，这是他中学时代读得热血沸腾的作品。

在他与命运做关键一搏,不知道生命之火何时熄灭的时候,阅读这本《龙马来了》,和他在相信未来一片光明的青春期读这本书时候的感想完全不同。

但是,主人公坂本龙马的豪迈和洒脱却丝毫没有改变。

龙马在对保守的土佐藩彻底看透之后,做出了脱藩的决定。脱藩是死罪,甚至会罪及家人。将龙马抚养长大的二姐乙女遭遇了离婚,另一位长姐阿荣则自尽了。

龙马拥有北辰一刀流"免许皆传"的身手,在千叶道场做教头。如果他想在土佐开自己的道场的话,是随时可以的,但是他不满足于自己的人生只是一介剑士。

龙马对外是"攘夷"论者,但他却和自己同藩的另一个以勤皇志士而驰名的武士半平太划清了界限。龙马虽然表现出了漠然,但实际上却考虑着更加宏大的事业。

龙马对于船有着无比的喜爱,在美国的佩里率舰队来日本时,他甚至穿越了重重的守备潜入船身,并跟随着一直来到了浦贺。当时他脑中想的,只是如何在巨大的时代变迁中乘风破浪。

孙正义事实上考虑的也是同样的事情。他当时决定去美国留学,也就是想去看一下美国这样一个国家。

孙正义将自己喜爱的织田信长和坂本龙马进行了一番比较。要论事业,比起龙马,可以说织田信长所做的事情更加宏大，更富有创造性。信长不论做什么事情，都是在夺取天下这样一个大视野下开展行动的。但是，即使是这样的信长，他的志向最后还是逃脱不了光耀门楣这样一条自私自利的基线。但是，对于龙马而言，比起自私自利的想法，则是上了一个新的境界，因为他想要的是开创一个新的时代。原本人分上下等级就是一件很荒唐的事情。龙马对于人生来就必须面对各种束缚感到无比荒谬，这种问题意识是他所有思考的出发点。

孙正义对于开朗豪放、同时毕生追求自由的坂本龙马更加着迷。

再一次看了这部小说之后，孙正义感觉到漆黑一片的人生中突然有了一丝光明。

"对啊，人生的意义其实不在于长度。"

必须要将自己的生命奉献给一些东西。也许我的生命还能有 5 年以上，也许 6 年，或者 8 年，甚至可能会有 10 年。至少，不会像龙马一样遭人毒手而突然死去。自己一定会是慢慢死去的。

所以在这期间，完全可以将自己的理想告诉继任者，将接力棒交给他们。一定要拼尽全力过好自己的余下人生。只不过是一条命而已，并没什么大不了。

一丝微光迅速地扩散，将自己周围的阴霾全部驱散了。

"好嘞。"

孙正义从床上起来,重新恢复了过去那种积极向上的心态。他决定用这一段时间将所有的书读个够。如果将来有可能重来一次人生,估计都不可能有这样一个遍读群书的时期了吧。

病房内几乎摆满了经营类、历史类、战略类等各种不同种类的书,他全部都拿来饱览一番。他在与病魔作斗争期间读的书大约达到了4 000多本。

孙正义因为之前一直忙着公司业务的扩张,根本连好好看自己公司的财务报表的时间都没有。

"这是老天爷给我的机会,让我能够好好休整。我就趁着这段时间好好地看一下财务报表,将自己公司的经营状况好好研究一下,为了21世纪的斗争做准备。"

孙正义在医院的病床上,思索着自己出院后该采取怎样的经营方针,甚至连作为经营法则的"孙氏平方法则"都制定出来了。

1984年6月9日,孙正义终于从虎之门医院川崎分院出院了。但是主治医生熊田对他做出完全治愈的判断是在一个月之后。终于给漫长的与疾病斗争的生活打上了休止符。

康复之后的孙正义突然发福了,因为被E抗原吞噬的营养在体内堆积。

熊田医生对他说："你得稍微瘦一点。"于是孙正义听从了医生的建议，开始打高尔夫球。

三项组织变革——每日决算、分权、利益报酬 >>>

1986年2月28日，孙正义在体力完全恢复之后，准备回到社长的职位。

他曾经和大森约定好，在自己病愈之后重新接任社长之职，而将自己在医院时的会长身份让于大森。

大森一开始并不情愿，但最终还是让出了社长的职务，就任会长之职。不久之后，他就离开了日本软银。

孙正义在回顾自己与大森的关系时说道："我在那个时候，从心底里坚信日本软银的未来非常光明。但是，实际上那个时候我们只不过是一个到处是纸板箱的小公司而已。是大森从那个时候开始带领公司飞速地扩张。客观地说，他是一个拥有让风险企业快速扩张能力的人。而且就是在最近，我开始意识到，大森说了一些意味深长的话。当时我因为自己不成熟，所以并没有能够理解，认为他所做的一切只是装装样子，毫无实际用处。但是事实上，大森所设立的企业架构，恰恰是为了能够防止企业审查中的麻烦，防止员工的不正当行为，因此绝不是白费的。他对于日本软银今后的发展有着重大的意义，有非常大的帮助。我非常感谢他。"

日本软银的知名度不断提高,但是软件事业商品部部长宫内谦却看到了危险。

"我进公司时候的那种风险企业迅速扩张的速度,似乎在逐渐丧失啊!"

宫内于1984年进公司,当时员工即使加班到半夜,业务都来不及做,在公司过夜也是经常的事情。所有人都将公司的事业作为唯一的追求,大家都拼命地工作。

现在新进了大量员工,虽然人数多了,但是每一个人的工作量却少了,而且大家也没有拼死工作的劲头了。

而且,如果能够在日本软银工作的话,可以说在电脑界也算是镀了一层金,后路非常之多,在30岁前后,在业务稍有些熟练之后,好不容易培养起来的人才就会被其他公司给挖走。

宫内向孙正义进言:"我们是否应该建立一个保留着创业时的样态的组织呢?"

孙正义也正好打算成立一个新的组织架构,虽然是不同含义的。

"即使自己再住院,也能够从医院直接发出指令,必须建立这样一个组织架构。"

正在他这样考虑不久后,也就是1989年,批发部门出现了亏损。

软件流通行业之间的竞争已经白热化,甚至开始打价格战。公司的业绩因此受到了影响。

孙正义将自己员工经手的每一个商品都进行了仔细的检查，哪一个是盈利的，哪一个出现了亏损。他做出了决定：

"对于流通而言，每一天都是决定胜负的关键，如果采用每月决算，看一个月之前的报表，根本就没有用。只有每天做一次决算，才会产生一点效果。"

孙正义舍弃了当时所有企业都采用的月度决算的制度，独自开创了每日决算的制度。在经过了数百次的纠错之后，终于完成了可以称得上是经营革命的每日决算软件。

决算工作的内容就是让平均每人拥有三台电脑的员工，将每日的销售额以及其他数据通过网络进行收集。

除此之外，在负责人每天一次输入特殊数据之后，公司全体人员的每日决算工作才算完成。

而在电脑中输入的所有数据，为了能够让人一目了然，还采用了图形化操作。如果只有数字的话，就没有办法分析特征，也无法留意到重要的因素。只有图形化了之后，才能够清晰地理解。

孙正义经常说："盈利其实没那么复杂。"

毛利减去费用就是利润。事实上，利润公式只有一行，费用不能超过毛利。只要将所有的头脑用于考虑这个简单的原则即可。该月的费用是多少，只要毛利在这之上就能盈利，而在这之下就会亏损。如果出现亏损，那只能增加毛利、减少费用了。

从公司各项事业整体上观察得出答案是非常困难的，但是只要分割成场所、顾客、商品等个别领域就非常简单。将事物看得更简单一些是非常重要的。

孙正义采取了以十人为一个单位进行独立核算的虚拟公司制度。每个组只有十个人，在这样的人数编制下，谁都可以成为领导。能够领导一千人的社长并不多，而要领导一万人以上，那就必须是一流的经营者。而中小企业的领导者往往手下只有五六个人，这些人可能连资产负债表、现金流量表等财务报表都不会看，但依然可以把公司经营得非常好。而对于经营七八个人的公司而言，并不需要什么特殊的能力。这种以十人为单位的营业小组，每天都要计算从营业额中扣除销售管理费、利息之后的收益，并且将其图表化。而且这些图表，每一个员工只要用自己的电脑连接公司的中央电脑就可以看到，完全是透明的。自己组的盈利是增长了还是跌落了，如果跌落的话，是因为什么原因，等等。员工们可以通过看这些图表化之后的数据，考虑如何提升自己的业绩。

孙正义又基于各小组的研讨结果，给予各组的组长以下一步的权限。从预算到人事，甚至连办公场所都可以由组长决定。实际上这个制度和之后日本首次引入的"员工持股激励"有相当的关联。

孙正义非常自负。

"我们公司销售了近五万种软件,但唯独不卖包含着这种经验的软件。"

要让这种系统正常运作,需要有三个条件:

◎ 业绩和盈亏能够让每一个人随时看到
◎ 给予行动的权限
◎ 对于行动产生的业绩给予多一些的报酬

只有这三者联动,才能良好运转。

孙正义对于年轻员工的无限的潜力非常相信。

"谁都有隐藏的潜力,以及无限延伸的能力。"

人的脑细胞有150亿个,但是实际上一生只使用其中的7%—8%,也就是10亿—12亿个。而剩余的140亿个脑细胞还没有用到,人就这样死去了。如果能够架构一个提升员工干劲的机制,那就能发挥现有能力的2—3倍。

通过这样的每日决算,流通业务有了非常显著的改观。1994年3月的合并销售额中,软件流通的占比为84%,其中利润率达到了56%。

同时,他开始正式采取过去就一直想采用的激励制度,对于销售额增长的员工给予可观的报酬激励。最极端的情况,甚至可以将自己小组所增加的盈利部分,全部作为报酬给予奖励。但这个制度牵涉到资金问题,因此在公司内部也引发不少议论。

孙正义对宫内谦等干部说:"我们必须将三件事情明确化。首先是利益目标,其次是利益结果,再次是通过激励机制的利益分配。为此,我们必须公开信息,让十人的小组也能够随时看到公司的盈利情况。因此我们放弃了月度决算而采取了每日决算,每一个小组每一天都能看到周围的小组的盈利情况,以此来提高他们的竞争意识。这其实也是为了公司的利益。"

孙正义的机构改革,获得了让宫内等干部们惊叹不已的效果。而宫内所掌控的营业本部的工作人员的工作量几乎要达到其他公司的三倍。

宫内进驻公司时候的那种气势和活力,通过机构改革又重新回来了。

孙正义也对员工说明:"大家也不要太过于勉强,如果不量力而为的话,会把身体搞垮的。"

可是大家都为了自己拼命地工作。有一个常务董事甚至获得了1.5亿日元的奖金。

通过这样的改革,员工的工作意识提高了,那种回家途中坐在大排档边吃烧烤边说上司坏话的情况也慢慢消失了。日本软银构建了能够让员工充满干劲,并且不断增强盈利能力的公司制度。这才是日本软银最大的财富。

第三章 迈向世界的野心

与史蒂夫·乔布斯同时预测到了手机的互联网化 >>>

软银社长孙正义瞄准了手机事业是在 2004 年。他预言:"手机的互联网元年,已经近在眼前了。"

可以称作手机引擎的 CPU(中央处理单元)的性能有了质的提升,能够进行复杂的高端处理,因此,手机连接互联网的网速已经不会输给个人电脑了。而且手机的屏幕也变得更大,更容易观看。由于技术的进步,用户和互联网之间的互动方式也发生了变化,从过去的以个人电脑为中心改变为以手机为中心。而这样的开端,也就是所谓的移动互联网元年,是 2008 年。

也就是说,孙正义在十多年前,就预见到了今后将会是智能手机的天下。

孙正义为了进军互联网行业，向总务省申请了经营许可。总务省虽然表面上表现出对于新加入者开放的态度，但实际上却是很明显地拒绝新加入者的。这是为了保护NTT DOCOMO 以及 au 等既得利益者的权益。于是，孙正义发起了行政诉讼，与总务省开始了不屈的斗争。

与此同时，孙正义又飞往美国加利福尼亚州库珀蒂诺市，为的是与苹果公司的共同创始人史蒂夫·乔布斯见面。

史蒂夫·乔布斯，1955 年 2 月 24 日出生于加利福尼亚州旧金山市。他的生母是一个未婚的女研究生，在孩子出生后不久，就把孩子送给一户工人家庭做养子。史蒂夫·乔布斯进入里德大学之后，由于经济拮据，半年后就不得不辍学。在世界上第一家电子游戏公司 ATARI 工作不久之后，和史蒂夫·沃兹尼亚克一起在自家的车库里开设了苹果公司。1985 年，他被苹果公司排挤出局，自己创立了 NeXT 公司。虽然他的技术得到了非常高的评价，但是创业却遭受巨大的失败。那些被乔布斯所说动的投资者中，大多数都给了他"夸夸其谈""骗子"的恶名。

1996 年，NeXT 公司被苹果公司收购，乔布斯作为临时 CEO 又回到了自己的"老巢"。

乔布斯对研发部门进行了大规模的裁员，并取消了兼容机的授权生产。他这样做惹怒了很多人。但是，自从1998年iMAC投入生产之后，苹果公司终于从亏损状态中扭转了过来。

在这期间，他放弃了旧的操作系统Mac OS9，转向了新的操作系统Mac OS X。在当时，引起了舆论哗然。在2002年WWDC的主旨演讲中，乔布斯演示了足以将OS9彻底葬送的新系统，更激怒了旧操作系统的信徒。

同时，他又在2001年10月发布了便携式音乐播放器iPod，乔布斯当时是自信满满，但是大家却反应平平。直到2002年7月发布了能够兼容Windows的iPod之后，他的支持率才急速上升。

孙正义在乔布斯面前，展开了软银公司独家构想的图纸。

"你能否用iPod设备，制作这样一个手机终端？"

在摊开的图纸里，描绘着将苹果公司所开发的音乐播放器iPod和手机结合在一起的一种全新的手机终端样式。

孙正义在拿到总务省的许可之前，就已经开始开发手机终端了。

在乔布斯刻画着睿智的脸庞上，浮现出满意的笑容："有意思。"

"怎么样？我们共同开发吧。"

乔布斯不停地笑着说："是挺有意思的，但是我们自己做，自己开发，并非是接受了你的提议。"

然后他又说："我觉得在这之前，你应该先拿到手机业务的经营许可。"

在那一瞬间，孙正义有一种非常强烈的感觉——"史蒂夫·乔布斯已经在开发同样的东西了。"

乔布斯如此地笑容满面，也许是因为孙正义的提议而吃惊。

正如孙正义预想的那样，乔布斯确实已经开始进行带有 iPod 功能的手机终端研究，而且是极度保密地开展项目。即使是苹果员工，知道内情的也只有十人左右。2007 年 1 月 9 日，乔布斯在 Mac World 的第一天的主旨演讲中，发布了举世瞩目的新一代手机终端"Smart Phone"，也就是我们熟知的 iPhone。

"明天就要在报纸上打广告！" >>>

2004 年 9 月 6 日，孙正义在记者招待会上宣布："我们的目标是进军 NTT DOCOMO 以及 KDDI au 所采用的相同频段，即 800 兆赫频段的手机通信业务。"

早在 2000 年，软银就提交了手机业务的新加入申请，和总务省打了无数次的交道。要在数字信息领域突飞猛进，那么进军手机业务是必需的。但是，每一次都被总务省拒绝。

日本国内手机所使用的通信频段有 800 兆赫、1 500 兆赫以及 2 000 兆赫等三个。其中电波争夺战最为激烈的是 800 兆赫，因为波频最低，波长最长，不仅仅能够兼容过去的通信方式，而且电波的传送距离也是最远的，因此基站数也是最少的，对于企业来说，可以控制成本，能够更快地开展业务。

但是总务省非常明显地要保护 NTT DOCOMO 以及 KDDI 等现有企业的既得利益。手机频段的分配不公平，对于新加入者来说就是一个壁垒。

孙正义向总务省提交了意见书，对于总务省的那种居高临下的态度表示难以接受，摆出了要和总务省"全面对决"的架势。

2004 年 9 月 3 日，星期五，电通营业部长栗坂达郎与软银的宣传室长田部康喜等几人共进午餐。由于田部是新官上任，因此与电通营业部长的会面也包含着打个招呼、和大家熟悉一下的意味。

正在寒暄中，突然田部的手机响了，显然是有紧急事情，于是和宣传科长一同离开了座位。

"发生什么事情了？"留下来的栗坂刚问了这句话之后，也同样受到了召集。

"现在马上去社长办公室。"

栗坂达郎慌忙来到了社长办公室。一看到栗坂来了，孙正义立刻说："明天在报纸上打一个广告。"

栗坂看了一下表，已临近下午两点了。他为难地说："社长，无论如何都来不及了。报纸的截稿时间马上到了，4点开始就要上机印刷了。"

"这样啊，那么就周日打吧。"

"周日啊……"

都说到这个程度了，他实在忍不住，将自己的疑惑说了出来："社长，你到底打算做什么呢？"

从孙正义的口中，栗坂达郎第一次听到了他要将自己对于总务省的电波管理的意见在报纸上用打广告的方式公布于众的想法。

栗坂说："这样啊，如果是这种想让政府或者企业人士看的广告，不应该在休息日的周六、周日打，而是应该在周一的早报上打最为合适。"

"是这样啊。"孙正义欣然接受了他的意见。

栗坂走出了社长办公室，开始了突击作业。在内容和计划都没有制定的情况下，已经将登载日期定下了。同时加急开始操作，将宣传室长撰写以及口述的内容，由电通的广告文案撰稿人进行改写润色。

即使这样，孙正义还是亲自介入了，这样的作业重复了多次。

这是关于软银能否进入手机行业的关键时刻，因此，孙正义对广告内容反复斟酌。为了能够把自己的真实想法准确表达，他是一字一句再三推敲。

到了和截稿时间决战的时刻了。

栗坂达郎向登载广告的全国性报纸的负责人反复道歉。但是，即使过了最终期限，还是没有等到孙正义的最终修改稿。

《日经新闻》的负责人打来了电话："栗坂，软银这个样子不行啊。不论多久都等不来原稿，总是一句话'再等等'，我们这里也是有我们的印刷计划的啊，要印刷几百万份呢。"

栗坂也只能一再安抚对方。

15分钟以后，日经负责人又来了一通电话。

"究竟该怎么样啊？"

"只能再等一会儿了。"

2004年9月6日，一则写着"如果我们现在不发出声音，那么日本的手机通信费将永远那么高"内容的软银公司的意见广告，在全国性报纸登载了。在总务省的网站的一个几乎没有人会注意到的角落里，有一个所谓的"民众意见征集"的栏目，很少有人问津。像现在这样公开地、正面地展开批判，在广告界也是第一次。对于国民所关注的手机通信事业，居然在暗箱操作！所有读到这一条意见广告的读者都能深深地感到其中反抗的意味。

一石激起千重浪,广告的反响惊人。

"应该更公开地征募意见!"

"应该给予软银手机业务的许可!"

总务省每天都能收到2万—3万条意见。

栗坂达郎感到非常惊讶:"报纸广告居然能够如此使用,真是奇思妙想。过去几乎没有人这样做过。"

孙正义认为,只要是正确的事情,就应当理直气壮地表达。因此,即使是以国家权力为背景的政府部门对他也无可奈何。孙正义将自己的信念贯彻到底。

2万亿日元的收购案——柳井正的进言 >>>

与广告事件同时,2004年10月,孙正义就手机信号频段的分配问题,准备起诉总务省。

在记者招待会上,孙正义用激烈的措辞说:"总务省将目前手机信号所使用的800兆赫的频段只分配给NTT DOCOMO和KDDI的方案公之于众了。关于不给新企业申请频段机会这个决定,他们没有经过信号法所规定的手续,因此,是违法行为。总务省以暗箱操作给予了NTT DOCOMO和KDDI垄断的电波频段的权限,这事实上剥夺了软银参与的机会。"

总务省召集了有识之士,召开"关于扩大手机用信号

第三章　迈向世界的野心

频率波段的研讨会"，决定对于方案进行重编。似乎是对孙正义提出的"决定过程不透明"的批判的一种回应。频率重编、总务省召开听证会，这是有史以来第一次。

听证会上，孙正义强调："如果软银能够进入移动通信行业，那么世界最高的日本电话费就会大幅度降低，这对于消费者来说是莫大的利益。"

孙正义对于每一次"关于扩大手机用信号频率波段的研讨会"的听证会都会出席。

满以为胜券在握，但是到了2005年2月8日，总务省竟做出了令孙正义意想不到的决定："对于新参与者不予以频段的分配。"

决定的理由是：如果给新参与者分配，就很可能对目前的使用者的利益造成巨大损失。所谓的目前的使用者，也就是指NTT和KDDI。

孙正义气得话都说不出来。"到底为什么开设民众意见征集栏目？！到底为什么要开听证会？！"

最后，总务省决定将目前用于其他用途的1700兆赫的频段作为第三代高性能手机专用，从2006年开始进行新一轮的分配。同时，定下了于2005年4月27日给予软银公司以1700兆赫新型手机的实验许可的方针。

软银公司非常珍惜这一机遇，立刻开始进行实验。通过半年的时间，对于该频段信号的传播能力以及将来手机基站的配置等内容不断细化。因为等正式许可下来之后，必然会引发激烈的价格竞争。

2005年11月，总务省终于给予软银的孙公司"BB移动"通信业务的许可。从此，软银公司进入了移动通信行业。

但是，如果要开展移动通信业务，需要开发费用、设施费用、广告费用等巨额的资金；如果要扭亏为盈，需要5—10年的时间。这样会严重影响到业务开展的速度，在和其他公司的竞争中也会落后。

和往常一样，孙正义又开始了新的构思，不断地酝酿着新的对策。而同时，他又有了一个新的业务计划。

软银在业务计划中估算用5 000亿日元的投资，架构采用IP技术的手机通信网络。从财务角度来说，不能有任何误判。

软银董事之一的笠井和彦（原富士银行副行长）看了一下投资额说："不可能，这个金额根本不足以经营手机通信业务。"

"原本，不论是DOCOMO还是au，都是投资了超过1万亿日元，而且还准备追加投资1万亿日元。连沃达丰日本法人都每年投资2 000亿日元。这样考虑的话，从零开始移动通信业务的软银只投资5 000亿就了事，是绝对不可能的。"

提出业务计划的负责人对此进行了说明:"如果技术进步的话,是可能的。"

但是,笠井和彦并不接受。

"的确,技术会有进步,但是 DOCOMO 和 au 的技术也会进步。可是他们依然投了 1 万亿日元。你怎么认为呢?"

另一方面,当软银在摸索着独自开展移动通信业务的同时,笠井和彦有了新思路。他征询软银的财务部长后藤芳光的意见:"如果收购沃达丰日本法人,怎么样?"

国内排名第三的沃达丰日本法人,是世界上最大的手机运营公司英国的沃达丰 98% 控股的公司。2001 年 10 月,英国沃达丰将 J PHONE 集团纳入旗下,并更改了公司名称。2005 年 3 月期的连续销售额达到了 1.47 亿日元。关于收购沃达丰日本法人的可能性,一时成为软银公司内部的一个热议话题。但当时的主流意见还是认为软银应当独立进入移动通信行业,而收购沃达丰日本法人的意见则被边缘化,根本没被正式纳入讨论议程。

笠井和彦认为,有必要对收购沃达丰日本法人的方案进行重新审视。当时日本的手机运营商被 DOCOMO、au 以及沃达丰三个寡头垄断,沃达丰日本法人夹杂在 DOCOMO、au 两大运营商势力之间,市场份额只有 17%,排在日本第三。但是从业绩上看,却也是有相当的利润。

孙正义经常说："职业棒球有12支队伍，荞麦面馆有几万家，像日本移动通信业这样被几家寡头垄断的，实属罕见。"

软银一开始的想法就是缩减投资金额，这样就会有更多的利益。如果能够收购成功，就能比自己独立开展业务的成本低许多。因为已经获得了一部分的市场份额，在这基础上继续扩张，速度也能快许多。

但是笠井表示："如果只是看几个数字就做判断的话是危险的。"

他和后藤商量，后藤表示："我明白了。我会参考更详细的数据进行研究。请给我一周左右的时间。"

笠井对孙正义说，关于沃达丰日本法人的收购一事，已经进入了正式调查的阶段。

后藤是笠井的晚辈，他和瑞穗银行的工作人员一起，进行着极其保密的研究。依照约定，在一周以后给出了结论："有可能收购"。

根据估算，收购价格在2万亿日元，这是比孙正义的软银公司过去所经历过的任何一次并购都要大得多的资金规模。

有一种手法叫作杠杆收购，也就是以被收购的企业的资产、现金流等作为担保来获取信贷，然后由收购企业进行偿还的一种手法。这是一种以少量的资本金并购拥有巨大资产企业的手法。美国的投资基金 KKR 在 1988 年收购食品公司 NABISCO 的时候，收购金额 300 亿美元中的 250 亿是通过信贷筹措的，这也是过去全世界最大的一次杠杆收购。当时对于 KKR 采用的手法的批判不绝于耳，但现在人们都评价其为一流的基金。

不过，孙正义还是坚持要用现金收购。因为如果和大多数的企业收购一样，通过获得股票来取得经营权，就需要大量发行股票。如此，则股价会下跌。再则，如果一旦股票放开到市场，再要全部回收就非常困难了。移动通信是今后成为软银根基的业务，因此必须确保百分之百的所有权。

要说收购的时机，也只有当下。从 2006 年 10 月 24 日开始，用户不更改电话号码就能够和别的运营商签约，即采用号码携带（MNP）的新制度，距离此时只剩不到一年时间了。一旦新制度开始实行，沃达丰日本法人的收购价格就会跌落。但是，在企业处于败落状态下进行收购，要再想重新恢复业绩需要花费大量时间，孙正义也看到了这一点。

依照软银公司副社长宫内谦的话来说，收购沃达丰日本法人不仅仅是 2 万亿日元的金额问题，还要承担巨大的风险。因为居于日本第三位的沃达丰，一旦采用了号码携带制度，就必然会被 NTT DOCOMO 和 au 抢走不少用户。

孙正义看了笠井和彦的报告并接受了。他说："的确，如果是收购的话，就必须在时间上更加高效，因此一定要按此实行。"

孙正义立刻召集了经营团队。虽然是休息日，但是位于港区东新桥的软银总部中，经营团队的核心成员都到齐了。

孙正义坐下之后，环顾了一下四周。软银移动专务执行董事兼CFO的藤原和彦，还有管理部门中对于孙正义的想法提出反对意见的三个人，也就是所谓的"保守三兄弟"等都已落座，同时在场的还有日本迅销公司（Fast Retailing）的董事长兼社长柳井正。

柳井正1949年2月7日出生于山口县宇部市中央町。在早稻田大学政治经济学系毕业后，入职JASCO公司，9个月就辞职了，进入他父亲经营的小郡商事。

1984年，接替父亲继任小郡商事社长。他的想法是开设一家销售廉价服装的商店，但却要与众不同（uniqe），成为一家销售独一无二服装的商店（Uuique Clothing Wearhouse），于是打出了一个品牌叫作UNIQLO（优衣库），在广岛市开了第一家店，之后又以日本本州西部地区为中心不断扩大经营。

1991年，将公司名称改为"迅销公司"，2002年就任董事长兼CEO。曾一度卸任社长职位，但是在2005年又再次回归。

孙正义曾在2001年春给柳井正打电话："能否请您当我们公司的外部董事？"

他和柳井正只有一面之缘，但是却对他高超的经营手段一直非常敬佩。同时他对中国的情况又很了解，因此才这样委托他。柳井正在接到电话后表示同意。于是从2001年6月开始，他成为软银的外部董事。

针对董事会中激进的孙正义、副社长宫内谦以及软银移动事业专务董事宫川润一，也就是所谓的积极派"乐天三兄弟"，柳井正平时经常提出非常辛辣的反对意见。孙正义却并不认为不好，有一个能够泼冷水的角色存在是值得庆幸的。

一向唱反调的柳井正在听了孙正义的并购决定之后，会有什么样的反应呢？恐怕会用辛辣的言语直接射穿软银的本质吧。

孙正义的内心并不平静，他在经营团队面前说："我想要收购沃达丰日本法人。"

要收购日本第三位的手机运营公司这一消息的公布让整个会议室骚动起来，收购金额也是和至今为止的其他收购都不在一个数量级的2万亿日元。

各种意见针锋相对，"保守三兄弟"果然还是不断地提出反对意见。经历一番近乎保密的调查分析的笠井和彦对此一一应答。

议论越来越热烈,终于到了柳井正发言的时候了。

孙正义不由自主地重整了一下身姿。"恐怕他又要反对了。"孙正义暗自猜测着。但是,孙正义不断地对自己说,不论柳井的发言多么有说服力,在这个事情上绝不能让步。

柳井正丝毫不改自己的表情,斩钉截铁地说:"必须要考虑如果收购不了情况下的风险。"

孙正义非常吃惊,因为柳井居然肯定了他的想法,这是平时不可想象的。

柳井正继续说:"这次收购一定要抓紧时间。如果对方迟缓,那我们就要加紧催,无论如何也要收购下来。"

柳井正对于软银的整体经营进行着全盘的考虑。他早就看到了软银的核心业务应该是什么。

领导层意见基本统一后,孙正义立刻开始行动了。经过深思熟虑,在参加1月末瑞士召开的达沃斯论坛之际,他抽身去了一次伦敦,与英国沃达丰总裁阿伦·萨林直接会面。没有通过任何翻译,孙正义亲自将自己的想法,用最直截了当的方式表达了出来。

孙正义和萨林曾经在20世纪90年代同时担任过美国通信器材巨头思科公司的外部董事,所以也算是旧相识了。

萨林说道:"如果你这样有想法,就将沃达丰日本法人的85%的股份转售给你。"

转售看上去似乎很顺利。

但是到了2月份,协议却出现了难产。因为沃达丰集团表示:"第三代手机设备整备完毕后,沃达丰日本法人的使用者会增加。"他们主张,沃达丰日本法人的企业价值将达到2万多亿日元。

孙正义立刻对此进行了反驳:"如果开始实行号码携带制度,使用者会减少。"企业价值会跌到1.5万亿。为了能够使得将来的决策更加迅速,孙正义还提出收购股份比例不是85%而是100%。

英国沃达丰最终接受全部售出股份是在2006年3月3日。那天深夜,路透社发布了出人意料的信息——"软银收购沃达丰。"

信息源是伦敦,人们误认为被收购的是英国的沃达丰。而因为这条消息,投资基金等海外势力等开始行动,而英国的沃达丰总部也似乎是等待着他们行动一样,伺机提升收购价格。

这时,如果放任不管,那么主导权将落到沃达丰手中。

孙正义慎重提出了最多能承受的上限,而英国沃达丰最终同意了。

在路透社发出独家消息的两周后，也就是3月17日，媒体发布了软银收购沃达丰日本法人的正式消息。收购金额为1.75万亿日元。同时，软银将承担沃达丰日本法人的负债约2 500亿日元。实际的收购金额为2万亿日元。而其中收购金额的一部分，即1万亿日元是通过LBO方式筹措，这是日本历史上最大的一次杠杆收购案。

然后，沃达丰日本法人百分之百拥有软银的孙公司"BB移动"的股票，而软银公司则通过子公司Mobile Tec，间接拥有沃达丰日本法人。而移动通信业务新加入者的许可，退还给了总务省。

同时，沃达丰也改名为"软银移动"（SoftBank Mobile）。

沃达丰的改革 >>>

笠井和彦对于为什么沃达丰日本法人的业绩会一路下滑进行了追查。根据2006年3月的决算，销售额为1.467 6万亿日元，比上一期下降了0.2%。就主营业务的盈利情况而言，营业利润为7 163亿日元，下降了56.8%。最终利润为494亿日元，比上一期跌落了69.4%。而新签约人数去除解约人数的新增用户比上一期仅增加约九成，为16.924万人。此外，市场战略、手机的设计、互联网功能都有明显的弱势。最重要的是，和

DOCOMO 以及 au 相比，知名度太低。

更进一步说，沃达丰日本法人是由英国的沃达丰总部远程控制的。如此远距离的操作，当然不可能有良好的经营。比如将英国设计的手机终端原封不动地拿到日本来销售。他们单纯地想着降低成本，丝毫不知道日本用户是挑剔到连针尖大小的掉色都会投诉的。总而言之，英国总公司仅仅把日本沃达丰作为吸金的手段而已，因此业绩无法提高是理所当然。

于是，软银决定让宫内谦任新公司的执行董事副社长兼COO(首席运营官)。上任之后，宫内谦立刻在4月4日造访了位于港区爱宕的沃达丰日本法人的总部。

同一天，软银通过BB移动，以一股31.3456万日元的价格进行了要约收购(TOB)。但是还没有向英国的沃达丰总部支付收购资金。

宫内谦在沃达丰日本法人总部的董事办公室常驻了下来，并在黄金周之前和所有的干部进行了面谈。

随着和每一个人的谈话，宫内越发觉得肩上的担子重如千斤。

"问题要比想象的严重。"

沃达丰的员工们对于自己排在 NTT DOCOMO 和 au 之后，位列日本第三的现状非常满足，而对于超越前两名的想法和志气可谓是丝毫没有。只要有利润，其他一切都无关紧要。而他们对于一旦采取了号码携带制度之后沃达丰就将成为待宰羔羊，没有丝毫危机意识。沃达丰日本法人的员工与其说是企业员工，倒更像是高级官僚。

过去经营沃达丰日本法人的 JR 系通信公司日本电信的文化和英国沃达丰总部的文化交杂在一起，以一种非常不妙的方式呈现了出来。

在向孙正义进行了报告之后，宫内谦也阐述了自己的意见："是不是应该将沃达丰搬到软银总部来？"

孙正义点头说："你说得对。那就一周以后吧。"

"一周后？"宫内忍不住反问了一句。要将一家企业整个搬迁，怎么说至少也需要一个月的时间吧。

但是，却只给一个星期……果然是孙正义的作风。

沃达丰日本法人的办公室在黄金周期间的 5 月 1 日完成了搬迁。软银总部的流通部门被曾位于东京爱宕的沃达丰日本法人的办公室完全取代了。双方的办公室的桌子以及书架等都没有任何变动，只是人、电脑和资料进行了交换。像这样风驰电掣般开展行动的公司，找遍全世界恐怕也只有软银了吧。

收购沃达丰对于软银来说，和之前所有的收购有着完全不同的意义。对于孙正义而言，无疑是巨大的赌博。如果该项目失败了，可以说软银集团整体都面临灭顶之灾，将彻底崩溃。

事实上，在收购日本电信的时候，并没有产生多大的协同效应。虽然是100％收购了，但是却发生了无数次反复争吵。孙正义也在反省，因为要达到预期的效果需要相当的时间。

如果签约数减去解约数的净用户人数不增加，那么软银公司作为手机运营商就不会被认可。不但不被认可，还投入了2万亿日元的资金，可谓是赔了夫人又折兵。没有时间为收购成功而沾沾自喜了。更何况，距离当初就认为是大限的号码携带制度的实施只有半年的时间了。

2006年5月，沃达丰全体代理店集中参加了披露会。在结束了一般的信息披露后，开始了有关手机运营业务的经营会议。以孙正义本人为中心，在3个月的时间里，夜以继日，取消一切休息日，汇集各种意见，进行反复讨论。

讨论集中于四个课题，分别是："网络""手机终端""推广和营业""内容"。

沃达丰的现状令人沮丧，不论哪一个方面，都是尾随NTT DOCOMO和au之后，有追赶而无超越，尤其质量更逊人一等。这就是为什么始终处于"千年老三"的地位的原因。

讨论结束，孙正义意气风发地宣布："一年，用一年的时间，改变这一切！"

软银的广告战略 >>>

孙正义彻底沉浸在软银移动的业务中,从商品开发到技术开发,连处于经营架构底端的科长层级的工作他也会亲自抓。

尽管工作千头万绪,孙正义最主要的精力还是投入到广告宣传的战略上。

当时,软银拥有的用户以及销售额都超过自己的竞争对手,相比之下,投在广告上的预算是比较低的。在这种不利的条件之下,如何能够制作出最富有冲击力的宣传广告,孙正义为此绞尽脑汁。

他迅速将各类电视、报纸、交通工具、户外招牌等广告方式的性价比进行了数字化测算。其中性价比具有压倒性优势的是电视广告。

于是,他舍弃了其他一切广告形式,决定将所有的精力都集中在电视广告上,通过电视广告将"SoftBank"的品牌推向大众。

在这之前,软银进行商业广告宣传,至多就是关于"Yahoo! BB"的宣传。这是因为,软银以电脑批发销售作为主营业务,和一般消费者并没有直接的接触,没有必要打商业广告。

2006年3月,当时日本最大的广告公司之一"电通"

第三章　迈向世界的野心

中负责软银广告的栗坂达郎接到了孙正义的邀请。

"一定要来软银，因为我们公司还没有市场营销、广告公关的专门负责人。"

从去年开始，闹得沸沸扬扬的软银收购日本沃达丰法人一事，终于具体化了。作为企业价值之一的品牌，也将原来的沃达丰的品牌一扫而净，换成了软银的手机运营业务。而电通方面也以佐佐木宏为中心，为软银手机业务品牌建设成立了一个专门的团队。但是，最关键的软银内部却没有核心人才。

因此，孙正义将橄榄枝抛向了对于广告战略等各项业务都非常熟悉的栗坂达郎。

栗坂和孙正义初次见面是在2003年。他拜访了位于日本桥箱崎町的软银总部。在社长办公室看到的孙正义，和栗坂之前内心所假设的形象完全不同。栗坂原先想，作为一家攻击性十足的公司，社长也必然是一个霸气外露的人。但是和他所想的相反，孙正义是一个很随和的人。

一旦开始谈到工作，孙正义立刻变得热情四溢。

"为了让'Yahoo! BB'更加为世人所知，我们考虑以电视广告为中心，在各种媒体上对'Yahoo! BB'进行宣传。希望你能够做一个包括广告宣传、促销在内的综合方案。"

软银从两年前的2001年9月开始参与了宽带综合业

务"Yahoo! BB",并且提供了比过去更快的速度,经常用于连接上网的 ADSL 的收费也比 NTT 更为廉价,因此也争取到了 300 万的用户,成为日本第一的宽带服务。

而孙正义则设想着进一步的跨越。不仅在街头发放"Yahoo! BB"的连接设备,并且决定打商业广告。这是第一次,广告宣传费预算达到 40 亿日元。

栗坂达郎决定在"Yahoo! BB"上赌一把,这也是因为他感受到了孙正义惊人的魄力。

与栗坂搭档的是电通的广告设计师细金正隆,他曾是设计局出身,同时又负责数字媒体方面的多媒体设计。而细金物色的宣传人物,是当时的人气偶像广末凉子。

在反复筹备以后,他们对软银方面说:"整个演示需要一个小时,如果可以的话,请给两个小时。"

因为是一个大项目,所以希望以孙正义为首的经营团队能给予充分的时间,听一下栗坂的战略。

孙正义也对此有了回应,定在 5 月的一个星期六。利用休息日对企业的最高领导层进行演示是很少见的,但是孙正义是将每天,甚至每分钟都排得很满的人,因此只有星期六有时间。而场所则定在了六本木 Hills。

但是,第一次演示并没有得到认可。

孙正义一改初次见面时随和的形象,锋芒毕露,连珠炮般提出了各种问题。因为,他非常喜欢创造性的工作,对问题绝对不允许有妥协。

对于广告的挑剔，栗坂过去遇到的国土集团的堤义明、三得利的佐治敬三等出资人兼社长一个胜过一个。但是，像孙正义这样，从企划内容的提案开始都会一一涉足的人，栗坂却是第一次遇到。

感受到孙正义的热情，栗坂禁不住在演示现场亲自开始对内容进行勾画，并一再询问："社长所说的，是这样的吧。""这样行吗？"

但即使是这样，要再做三次演示才能定下都已经算是乐观的估计了。转眼间，初夏已经到来，可是依然连规划阶段这一步都没有向前跨过。

从孙正义这里，栗坂接受了最为妥当同时又是最为敏锐的意见，但是，毕竟孙正义是外行。比如，他准备让海报中的模特儿通过微妙的表情向消费者传达某种信息，但却被孙正义叫停。

"不行啊，模特儿应该微笑才好啊。"

于是，他必须费尽心思地向孙正义解释，为什么要让模特儿有这样的表情，好不容易才让孙正义接受。

而且，栗坂从来没有涉足过预算金额为40亿—50亿日元的大型宣传，这是和他过去的经验有本质差异的。

更何况，孙正义会将自己的意见和想法砸向栗坂，如果不予以采用的话，就不罢不休。

正好当时是栗坂进入电通公司20周年，他在同期的纪念文集中，不假思索地吐了槽："正与软银的孙社长演示中。已经十几连败了，快受不了，快点决定吧！"

有一天，在栗板即将再一次进行演示之前，被软银集团副社长同时兼任市场部长的宫内谦叫去个别谈话。

宫内有点不耐烦地说："适可而止吧，快点决定。我已经和别人约好了。"

宫内为了扩大"Yahoo! BB"销售量，曾经在销售店中租借了销售空间，并且和销售店的店长约定，在他们店里搞活动期间，推出"Yahoo! BB"的商业广告。因为在这个时期打广告，正好能够让准备更换家电或电子产品的客户知晓，预计签约人数也能够得到提升。但是活动时间即将结束，广告却音讯全无，销售店的店长也表示了不满。

栗坂低下头道歉说："我这里也请求您。宫内先生，您是副社长，一句话就能决定的事情。我总是在做演示也是毫无办法。"

有一次，决定在电通的总部召开"Yahoo! BB"的演示会。开始时刻是晚上11点，即使对于时间可以随意支配的电通公司来说，在这样的时间召开演示会也是绝无仅有的特例。如果这一天广告的方案仍然定不下来，那么整个拍摄计划就要全盘打乱了。

第三章 迈向世界的野心

栗坂好说歹说,让电通的负责人留了下来。

可是,到了约定的时间,孙正义却没有来。面对着一心想回家的公司业务负责人,栗坂只能一边安抚,一边耐心等着孙正义的到来。

孙正义来到电通已是两个小时之后,时钟指向深夜1点。

结束了例行的寒暄之后,立刻开始了演示。两个小时过去了,孙正义一边眨着眼一边说:"我好困,我要回家了。"但是,演示仅仅到了一半,这个时候绝对不能回家。

这时候,非常了解孙正义的电通员工,非常贴心地说:"等一下,现在给您去拿冰激凌。"孙正义最喜欢红豆抹茶冰激凌。"哎,没办法啊。半夜吃冰激凌会胖。"孙正义一边表示着不满,一边还是把冰激凌给吃了。然后演示继续。

之后,几乎每过一个小时,孙正义都会说"困了要回家",而每到这个时候,栗坂都会拿出泡芙等他最喜欢吃的东西。

孙正义看到了最后。

广末凉子出演的广告,2003 年 8 月 15 日起开始播出。

广末凉子从一个可以装下自己整个身子的巨大红色袋

子中探出了脑袋。而这个袋子就是在街头发放连接设备时用的被称为"BB袋"的红色纸袋。

广末凉子在广告里，非常精神地对观众说：

"用BB吧！"

这个广告获得了巨大的成功。

栗坂达郎也得到了很高的评价。

在这之后，第二部、第三部广告也接连拍摄，以后几次并没有花费那么长的时间。双方意见已经一致，而栗坂也能提出孙正义可以接受的方案了。

孙正义非常满意："你终于开窍了啊！"

栗坂笑着回答说："您这是什么话，我们做这样的工作已经20年了，当然懂了。是社长您的水平越来越高，所以才会越来越顺利，我们的技能可一直没有变过啊。"

孙正义对于广告宣传的知识、技能也是经过磨炼越来越精湛了。他对于知识的吸取速度之快，让栗坂惊讶不已。

包括顶级设计师在内的20多人召开会议，其中至多只有两三个内行，而对于这样专业的事务，孙正义也可以亲自展开话题。目前，作为不是广告专业出身的社长，孙正义已经是广告方面造诣最高的了。

电通"鬼十则" >>>

2004年5月，孙正义亲自来到电通的董事办公室，表示"有重要的事情"。栗坂让他见了营业最高负责人、副社长中村铁。

孙正义对中村铁说:"实际上,虽然没有拿到许可,但是我们准备进入手机通信行业。手机将来会成为必要的基础设施。当然,要开展手机业务的话,就必须要树立自己的品牌,通过大量的广告和宣传,确立自己作为一个消费者品牌的重要地位。一般来说,这种事情需要花十年的时间,但是我需要在一两年内完成。"

孙正义的想法是,不论是100亿日元还是200亿日元,都要投入。

他继续说:"因此,我需要在电通之内,召集最厉害的员工。"

在这之前的三年内,以"Yahoo! BB"为首,搞了各种推广和品牌树立的活动。孙正义的话经常说得很大,栗坂达郎每次都半信半疑,但是,即使再天马行空的事情,孙正义也必然能够实现。电通也感受到了孙正义的信心和执着。

栗坂在电通内部转了一个遍,与他认为可行的几个主要人物挨个见面。

他并不希望打造日本式的企业形象(Corporate Identity,CI)。在这之前自己所涉及的品牌树立业务中,他也多次感觉到了不自由。

"我们的 LOGO 一定要这样使用，这个规则是不行的。"

那些以规则为首的各种条条框框所限定的企业形象，在实际公司的运营中经常会成为阻碍。并不是考虑如何制定规则，而是如何利用企业形象来提高品质、提升品牌形象，这才是栗坂所想的。

如果要树立企业形象，就要做成过去被称作"广告之鬼"的原电通社长吉田秀雄所总结出的"鬼十则"那样的能够激发起员工兴趣，又被世间所认可的东西。必须要树立让员工能够积极响应的企业形象。

说到电通的"鬼十则"，是这样的：

一、工作是自己创造的，不是给予的。

二、工作是要时时刻刻考虑先手，而不是被动接受。

三、要做大事，因为做小事会让自己也变得渺小。

四、要努力寻找困难的事情。这样当完成后自己才会成长。

五、一旦开始做事就不要放手。即使没命也不能放手，直到完成。

六、要带动周围。带动别人还是被别人带动，其间有天壤之别。

七、要有计划。只有拥有长期的规划，你才能够忍耐、才能够下功夫，并且能够做出正确的努力并且生出希望。

八、要有自信。如果没有自信，那么你的工作将既没有魄力，也没有韧劲，甚至连深度都会没有。

九、要经常环顾四周。必须照顾好方方面面，不能有一丝遗漏。所谓的服务就是这样的。

十、不要害怕摩擦。摩擦是进步之母，是积极的肥料。如果不这样，你将永远不会成熟。

跟这十条最贴合的人选，在栗坂的头脑中浮现了出来：曾经在电通处于王牌地位，当时已经拥有自己的工作室"SINGATA"并任创意总监的佐佐木宏。

佐佐木宏生于1954年。庆应义塾大学毕业后，1977年进入电通。在新闻杂志局工作了6年，之后转入了制作局，经历了撰稿人、制作人等职务后，成为制作局的局长。2003年7月设立了自己的工作室"SINGATA"。

他曾经制作过三得利的罐装咖啡"BOSS"、啤酒"莫尔斯"、JR东海的"对了！京都，出发……"、富士胶卷的"树木希林店系列"、"KDDI的企业合并"、"au品牌"等作品，获得过ADC大奖、TCC大奖、年度最佳制作人等多个奖项。

佐佐木曾经参与过由IDO（日本移动通信）、DDI以及KDDI三家公司所设立的au的品牌宣传，并且打造了au的品牌基础。他所制作的"对不起啊，NTT"这样一个具有挑衅意味的广告在当时引起了关注。非常讨厌权威是佐佐木的风格。

栗坂觉得，从这个意义上说，经常燃起改革的烽烟，甚至不惜和国家对抗的孙正义，也许和佐佐木会很合得来。

但是，最初栗坂达郎并没有去找佐佐木。

因为，佐佐木是一个太过于投入工作的人，经常24小时不间断地工作。是将被称作"广告之鬼"的电通第四代社长吉田秀雄制定的"鬼十则"贯彻得最彻底的人。

佐佐木曾经问过栗坂家住在哪里，当听说住在涩谷区代代木上原时，佐佐木说："代代木上原啊，那是很勉强啊。"

佐佐木曾经说，如果不住在离公司30分钟路程之内的地方，就不配做电通的员工。

栗坂曾经在佐佐木手下，干活干到体力的极限。有一次，栗坂原本可以回家了，为了给留在公司加班的佐佐木送夜宵，又拿着章鱼烧回到了公司。

本来他只要把章鱼烧交给佐佐木他们就好了，结果那时候身体突然出了状况，上吐下泻，困在厕所里出不来了。这时候，栗坂的耳朵里听到了佐佐木的声音："那个混蛋，来干嘛了？"说着这话，又开始大声笑起来。好不容

第三章 迈向世界的野心

易从厕所里出来的栗坂又听到了如同恶魔一般的声音:"你来干什么?如果不是来工作的话,给我回家去!"

还有一次,星期天晚上 11 点,栗坂接到了电话:"明天 3 点有会议,你无论如何要到。"

栗坂说:"3 点?那时候我和别人有事情要谈啊。"佐佐木大喝道:"混蛋!有半夜 3 点钟约人谈事情的吗?"他所说的 3 点,原来是凌晨 3 点,也就是 4 个小时之后的事情。他就是这样的严格。甚至有制作人和佐佐木一起合作,最后身体垮了。

称得上是"广告界的孙正义"的佐佐木如果和孙正义合作的话,那真可谓"前有狼后有虎",栗坂以及电通的所有员工被夹在其中,估计所有人都要趴下了吧。

但是,除了佐佐木以外的制作人都拒绝了栗坂的邀请。有人表示已经负责了对手公司的业务,有人推脱说日程安排不过来。

在反复考虑之后,栗坂对中村副社长说:"看来只有佐佐木宏了。无论如何请他负责。"

中村铁担心地说:"真的没问题吗?有一个孙正义,再加上一个佐佐木,大家加入其中,无疑全都会死。希望你能够再考虑一下。"

"不,能够满足孙正义期望的,只有佐佐木了。"

栗坂拜访了佐佐木。

他委托佐佐木制作软银的LOGO。

佐佐木直截了当地说:"孙正义啊,以前见过。"

他虽然这么说,但是似乎对做这件事情兴趣不大。过去曾经亲自制作过KDDI的"合并""au"等品牌宣传,曾经为此用尽全力,甚至发誓"通信行业,绝对不碰了"。

佐佐木对于做这件事本身没有太大兴趣,但却非常想和孙正义见上一面。

CI是海援队 >>>

佐佐木在新搬迁到港区东新桥的软银总部,时隔多年再次和孙正义见了面。

孙正义似乎已经不记得过去曾经见过佐佐木。当他拿到写着"SINGATA"的名片时,露出了诧异的表情。

"什么啊?这个SINGATA。"

佐佐木回答道:"就是'新型'的拼音。它是能够阻止电通和博报堂两大广告巨头两强相争的小舟。"

在简单的寒暄之后,孙正义立即开始了说明。他指着印在资料上的软银的LOGO,说道:

"这是软银只有三个人的时候,自己制作的标志。一点也不好,所以想换掉。尤其是,我对于其中使用的黄色很不喜欢。"

佐佐木本来已经发誓绝对不再碰通信广告,但这时候

第三章 迈向世界的野心

心里却开始痒了。佐佐木对孙正义说了他每次认为值得干的时候都会说的话："如果你相信我的话，那请一定要把美术设计大贯卓也邀请过来。"

大贯卓也，1958年生于东京，1980年毕业于多摩美术大学图形设计专业，进入博报堂工作。凭借进入公司不久接到的"丰岛园"设计任务，出人意料地获得东京ADC奖。之后又给日清的杯面制作了广告"hungry?"，为J联赛设计了LOGO。1993年独立出来，成立大贯设计公司。

"对于公司的CI(企业形象)和LOGO，那种在一堆竞争对手的设计中选择'我觉得这个好'的办法，我并不推荐。如果你能够委托我和大贯的话，一定能够制作出让你满意的东西。"

在关于品牌决胜负的关键时刻，指定最优秀的人才并且充分相信，这是最有效果的。佐佐木坚信，品牌战略最关键的就是广告的表述力。

过去糸井重里的"美味生活"的广告词以及浅叶克己的艺术设计，让西武百货的形象焕然一新，非常完美地构筑了新的品牌形象。一个广告撰稿人和一个艺术设计师能够爆发出巨大的能量。

但是，日本的现状是电通、博报堂两大广告代理商大幅度扩张规模。只要委托这两家公司，就能使用众多的制作人，什么都能准备齐全。于是，广告行业的竞争不再是制作人制作的广告本身的竞争，反而成了广告媒体的竞争。

佐佐木设立"SINGATA"的目的，也就是希望能够重新重视设计本身，打造一个"全新的电通"。

佐佐木在栗坂安排的饭店与孙正义一同进餐时，对孙正义也说出了自己的真心话："我过去曾经为KDDI制作过广告，当时我想的就是NTT垄断市场是不好的。率领日本电信的软银加入后成为三足鼎立的状态，真是很有意思。因此，我也希望广告界能够有一场更加激烈的争夺。"

佐佐木与孙正义真的是意气相投，这种感觉就好像是在看了一本有趣的读物之后，哪怕具体情节已经记不清了，但是依然觉得畅快淋漓。

孙正义是那种既能够穿着"能乐"的行头、逗所有人开心，同时和经济界的大人物握手时，却能很有风度的人。他既有如同伟人的一面，同时，也有站在柜台的最前端招揽着顾客的一面。而对于经营者来说，拥有这两面是非常重要的。

孙正义将自己所做的事情对佐佐木讲了。不仅如此，他还把写关于自己事情的书给了佐佐木。

"你看一下这本书吧。"

佐佐木在读了这本书之后，更加切实地感受到了孙正义清晰的头脑和过人的决断力。但是佐佐木不能忍受的是，书中将孙正义吹捧为"日本的比尔·盖茨"。

比尔·盖茨于1955年10月28日出生于美国的西雅图，比孙正义大两岁。作为微软的共同创始人，通过开发MS-DOS、Windows等操作系统，将微软公司发展成世界顶尖的企业。

日本人喜欢用"日本奥斯卡奖"等，在世界上最有权威的事物、最伟大的人的名字前冠以"日本"的开头。虽然这样说的意图是希望能够表现出它的伟大，但反而突出了日本就是世界的一个"地方"的感觉。

佐佐木有一次突然想起了一些事情，对孙正义说："希望你能够成为微软的比尔·盖茨加上苹果的乔布斯，再加上华尔特·迪士尼一样的人物。"

在美国，有比尔·盖茨、史蒂夫·乔布斯等在世界电脑业界称霸的人物。比尔·盖茨通过开发Windows系统，以强大无比的实力称霸了世界；而另一方面，构思出作为Windows系统最初设计的却是乔布斯，从感觉上来说，丝毫不亚于比尔·盖茨。

但是美国走在前列的不仅仅是这两个人，在另一个领域，还有华尔特·迪士尼。

在日本，以孙正义为首，有非常多的企业家事业成功，名扬四方。但是却没有迪士尼一样的人物。

佐佐木继续说："你所欠缺的是乔布斯和迪士尼，希望能够集三人于一身。"

佐佐木觉得，即使是孙正义，也一定会谦逊地推辞："这个我不敢当。"

但是，孙正义却自信满满地说："我本来就是啊。"

佐佐木和孙正义关于LOGO进行了探讨。让孙正义比较纠结的是，表示"宽带"（Broad Band）意思的"BB"的LOGO。他表示，如果要采用"BB"的话，就不如大胆一点：

"将软银的公司名称改为'YBB'也可以。"

但是佐佐木却将孙正义的方案给舍弃了。

"不论是'BB'还是'YBB'，都给人一种二流的感觉。还是放弃吧。"作为广告方面的专业人士，他直截了当地表示了自己的意见。

这些话可能对于孙正义是一种打击，但是孙正义却并不在意，而是听取了他的意见。

也许是通过无数次的并购而扩大规模，孙正义看起来就像是一个独裁者。但别说是他一个人决定，即使是领导层决定的事情，推行起来都并不是很顺畅。许多通过收购并入旗下的企业的干部，在他毫不知情的情况下会擅自开展各种行动，被架空的这种寂寞只有自己能理解。所以，他反而很积极地听取周围人的意见。

广告计划的制定者佐佐木对栗坂说："有设计方面的专家。无论如何要拜托大贯。一起去找他吧。"但是，大贯的反应却有些微妙:"哦,是我吗?"

大贯表情和态度中表现出的疑惑并不奇怪。不仅仅是因为邀请他过去的是从未一起工作过的佐佐木,更因为自己从未涉足包括手机在内的通信行业。因此兴趣不大。更何况,他连软银公司的名字都没听说过。

大贯卓也又问:"如果我们真的做这样的事情,我和佐佐木先生之间的关系又是怎样的?我至今为止从来没在别人手下干过。"他这样说,基本上是一种拒绝了。

但是,佐佐木却没有放弃。抱着三顾茅庐的决心,再一次拜访了大贯。

"这也是为了改变日本,大贯先生应该做的事情啊。"

在不断的热切邀请下,大贯逐渐有一些心动。

"既然这么说,那么我就试试吧。"

两人搭档的第一项工作,就是设计软银公司的 CI(企业形象)。首先是要改变黄色的四角形 LOGO。

大贯认为,对于软银来说,最重要的不是 LOGO 的形状和设计,而是公司的志向精神。因此,也包含着"软银=孙正义"这样的意思,要重新设计能够表达企业精神的标志。这时候,他脑中浮现的是一心要创造新世界的坂本龙马。

孙正义就像是自己心仪的坂本龙马一般,努力推进信息革命,立志创造一个大家都能平等地获取信息、更加进步的世界。他自己也为这种使命感而燃烧生命。因此,孙正义所率领的软银就像是坂本龙马率领的海援队一样。

"这就是软银的LOGO。"

大贯所提议的是一个用黄色的粗体写的"＝",是一个非常简单的设计,而且大贯所提出的方案只有这一个。

一般来说,设计师在最终发表自己的作品前,都会考虑将近200个设计,最终会在其中选出10—20个作为备选方案。

可是,在绞尽脑汁、反复考虑软银的志向、基因之后,最后只剩下"＝"这一个极其简单的符号。对于大贯来说,这是独一无二的LOGO。

这是以海援队的旗帜为蓝本的。海援队的旗帜横向分成三条,上面一条是红色,当中一条是白色,下面一条又是红色。这是一种被称作"二曳"的设计。

大贯将海援队旗帜中夹着白色的上下两条红色,改成了软银的公司颜色——被称作"Revolution Yellow"的黄色。

而"＝"又有等号的意思,表示"给出答案"。软银就是对整个社会给出了答案。信息革命也就是这个意思。

同时"＝"号还能够象征互联网中的双向性。

包括以上意义在内,这个"＝"还能够扩展出无限的意思。不在于形状的好坏,而是意义的具象化。

见过众多公司CI标志的佐佐木,也为大贯的构思击节叫好。

第三章 迈向世界的野心

佐佐木向孙正义正式提议新的 LOGO 方案，是在 2004 年 12 月。

"最终的目标，软银。因此包含着巨大的意义，我们选择这个 LOGO。"

非常粗的两条线"＝"，旁边印着苹果公司般感觉的明朝体（日本最普遍使用的一种印刷字体，横细竖粗，接近中国的宋体——译注）的文字"Soft Bank"。而采用了海援队的船上印的"＝"，也包含着希望孙正义与他的员工之间就如同幕末志士坂本龙马和他的海援队一般的意思。

再一次查了一下海援队资料，当时集中的都是独一无二的、通信能力强、外交能力强的人，并且组成了一个如同内阁般的组织，而给予了坂本龙马强大的支持。

孙正义在一开始看到用两根黄色的粗线绘制成的"＝"的时候，也没能够反应过来：

"啊，是这种感觉吗？"

对于线条的含义，他一一进行了询问。在听取了佐佐木和大贯的说明之后，他感觉体内热血在沸腾。

"原来是这样啊。"

"＝"中的两根粗线，是根据孙正义无限景仰的幕末志士坂本龙马组织的海援队采用的旗帜创作的。就像不被土佐藩以及当时的社会所束缚，通过自由的思想和大胆的行动将日本引向现代化国家的海援队的队旗在船上飘扬一样,软银的LOGO也仿佛在飘扬着。只要想象一下,体内就会涌起一种难以言表的激情。

而且,作为对外宣传的信息,这一LOGO也蕴含着互联网双向性的意思。

演示完之后,在询问孙正义的感想时,他非常罕见地"嗯"了一声。然后他对大贯说:"彻底服了,我终于深刻地体会到,一流的设计所考虑的东西究竟有多么了不起了。这是真实的感想。"

但是,孙正义却对颜色有一些挑剔,原本喜欢红色的他,希望将黄色的部分改成红色,或者别的颜色。

但是,大贯在这之后每一次演示,包括在有外部董事在场的情况下,都会坚持说:"黄色虽然是黄色,但不是过去的黄色,而是今后的黄色。"

创业时所使用的LOGO,是金黄色,而"Soft Bank"几个字也是非常粗,而且如同墨一般的黑。就像交通信号中的黄色和黑色的标志,与其说是一种设计,倒不如是一种提醒大家"注意!不得入内"的警告标志。但是佐佐木等人提出的是另一种黄色,是一种能够唤起人们内心的活力、富有青春色彩的黄色。

另外,知道孙正义对于黄色有一些意见,因此还并用墨色与银色两种颜色,提出了另一个方案。

虽然内心对于黄色并不喜欢,但是作为整体设计而言，孙正义对大贯所说的还是非常认同的。"就如大贯所说，用黄色吧。"

之后，收购了沃达丰而设立的软银移动的 LOGO，虽然也采用了和软银集团同样的"＝"，但是颜色却使用了被称作"Mobile Silver"的银色。

2006 年春的一天，佐佐木宏的手机铃响，是孙正义亲自打来的电话。

"佐佐木，终于要决定收购沃达丰了。"

"是……收购吗？"

看来传闻是真的。

在这之前，佐佐木每一次去看软银鹰队（软银公司拥有的一支职业棒球队——译注）为其加油或者其他各种场合，都会听说软银要进军移动通信行业。但是，他一直觉得是获得了营业许可后，从零开始发展。况且，他还参加过相关的战略会议。

但是，发展方针突然改成了收购，真是出乎意料。虽然这种迅速变化很像孙正义的作风，但是从时机上来说，实在是太差了。佐佐木宏一边听着孙正义兴奋的言语，一边却呆呆地陷入了沉思。

"是不是可以稍微再推后一些？"

那个时候，佐佐木宏正同时承担了几项工作，忙得连一秒钟都不能浪费。而另一方面，许多人对于孙正义的判断持有否定的态度。

"这是一笔亏本买卖。"

"到底搞什么啊，孙正义。"

的确，沃达丰日本法人是有相当的利润的，但是经营能力却很弱。很多人表示，在半年以后，号码携带制度一旦开始实施，它就将成为 NTT DOCOMO 和 au 竞相蚕食的对象。

但是，孙正义似乎毫不在意。而且，他还对佐佐木说："这才是施展自己手段的时刻呢。"然后，又继续说："实际上，半年后将是一场激烈的决战。"

佐佐木与孙正义一起前往位于爱宕山的沃达丰日本法人总部，这是在收购公告发布之后没多久。

他们被领到摆满了沃达丰所销售的手机终端的房间内。

心情不错的孙正义，一边听着负责人的介绍，一边拿起了其中一部手机，脸上浮现出了满意的笑容，仿佛在说："这是我的了……"

2006年4月，软银终于将英国沃达丰所经营的沃达丰日本法人收购至自己旗下。

能卖多少钱 >>>

孙正义在考虑："是不是将沃达丰包括日本电信一起统

第三章 迈向世界的野心

一到软银的品牌之下？"

但是，委托电通和博报堂进行的市场调查，结果却不那么乐观。而公司内部对于变更旗号，大多持反对意见。因为对于日本电信这样一个品牌，法人们多数在某种程度上已经有些沉迷其中。而关于沃达丰，很多人也担心，一旦变更名号，将会有三分之一的客户流向其他公司。

但是，软银集团却准备将"Yahoo！BB"、软银移动以及日本电信等三家通信企业加以整合，形成"三位一体"之势，并作为其核心业务体系。

因此，孙正义亲自作为三家公司的社长进行一线指挥，副社长则由宫内谦担任，技术方面由宫川润一总括负责，并且也统一任命一名财务经理。从商法上是三家不同的公司，但却是绑定在一个主轴上的。整合后，决策能更为迅速，同时还能产生非常好的协同效应。

将软银主体品牌推向前台，也表明了软银将三家通信公司作为自身的核心业务体系的决策。

2006年10月，将原来的"日本电信"改名为"软银电信"。

10月1日起，将手机品牌的名称从"沃达丰"改为"软银"，同时店铺也变成了纯白色。

公司内部激进地推动意识改革。8月份实行了组织结构的变革。

过去由一个部长总括负责的营业部拆分成了三个：第一营业本部长由过去沃达丰日本法人时代的营业部长继续担任，而第二、第三营业本部长则分别由软银内部营业能力出众的榛叶淳、久木田修一担任。

在三个营业部之下，营业部成员也进行了重新编制。曾经在"Yahoo! BB"扩大战略实施之际成为重要动力的所谓的"太阳伞部队"（由促销小姐拎着红袋子在车站前分发连接设备）所属的员工，也编入了营业部。

软银员工的那种充满活力的劲头，让原来沃达丰日本法人的员工惊诧不已。工资比过去低了，但是工作量却达到了原先的 3 倍。

沃达丰原本是外资企业，因此每一个员工的工资都很高。即使是秘书，年收入都有将近 1 000 万日元。但从宫内的眼里看来，那些英语很好、在不同的信息通信企业之间频频跳槽的员工，更多的只是嘴上功夫。也许拥有高学历，但是对于工作的忠诚和执着远远不够。

而令人惊讶的是，沃达丰日本法人将英语作为公司内部通用语言。

孙正义规定："禁止用英语，你们都给我写日语！"

在沃达丰日本法人的员工来看，简直是 180 度大转弯。不满的声音也越来越多，很多人辞职了。

但是宫内丝毫没有因为这样而停止，甚至于为了改变意识而大声呵斥道："你们给我抛弃所谓的精英意识。软银就是一家销售公司。你们心里只要记住一件事情，那就是能卖多少钱！"

对于分开的三个营业部，不仅仅采用了软银过去所使用过的组别利润管理，并且每个营业部每天都会出具数据。这是为了形成销售额的竞争。在每星期二的会议上，还会让每个营业部提交报告，并说明自己的成果和需要反省之处。

这个会议，孙正义自己也会出席，并且营业部门、技术部门、终端部门等也会全部参加，少则半日，多则一整天都会进行商议。会上提出的课题在当场就会决定，并且在下一星期就开始实施。

宫内希望在沃达丰中，注入软银的企业文化。而软银的文化其实就是孙正义的志向。以数字信息公司为载体，普及宽带、普及互联网通信、普及手机，以这种形式为社会做出贡献。为此，眼前最重要的事情，就是让客户了解软银手机服务的廉价和方便，将软银打造成用户数量第一的移动通信企业。希望沃达丰的员工也能了解这一点。

公司文化非常重要，组织机构的成员是否有共同的意识，对于公司业务的开展会有完全不同的结果。即使是同样的话语，由于文化差异，听的一方对于说话人想表达的意图的理解也是完全不同的。即使是怒斥对方，如果拥有相同的文化，那对方也会理解成："他发怒是为了我好"；但如果文化不同，就会想："那个人真讨厌！"

宫内想："思想、能力每个人都不同，但是统一文化却很重要。"

渐渐地，全国的沃达丰店铺都涂成了白色。这项工作一直到9月底才结束。

在秋季，又推出了改变形象的新品牌。

在量贩店中的销售空间也扩大了。在沃达丰时代，和NTT DOCOMO以及au相比显得寒酸，仅有一张长桌子大小的空间里，仅仅用大写的"WILLCOM"分隔开。相对于提高销售能力而言，太过于粗糙了。

宫内宣称："量贩店的销售，将由软银移动来掌控。"

当然，这也受到了之前掌控着量贩店的商社的强烈反击。有一次，某一个企业的会长半开玩笑半当真地说："你们晚上走夜道当心点哦，因为你们遭人恨了。"

不过，宫内根本没当回事。他依然对包括商业惯例在内的诸多方面进行了大刀阔斧的改革。他依据过去的经验，深知在这样的情况下如何破局。

宫内也让那些商社接受了将一部分软银商铺的管理权委托给软银的要求。

由软银直接管辖的量贩店的铺位的面貌发生了变化。与从软银初创时代起就有业务往来的量贩店的谈判比较容易,结果是比过去更为引人注目,并且获取了几倍的空间。超越 NTT DOCOMO 和 au 之上、以白色为基调的软银的货铺终于打造完成了。在那里陈列了大量的软银的产品。

当时,在软银移动的销售额中,量贩店的销售额占比从只有 10% 出头一下子提升到了 40% 以上。

看到纠纷之后的东西 >>>

2006 年 8 月开始,日本的手机行业首次在 30 家店铺实验性地开始采取分期付款的销售方式,推出名为"Happy Bonus"的活动。营业手段的变更,如果失败的话,就会有一下子崩盘的风险。所以先在很小的范围内进行实验。而从 9 月开始,以"Super Bonus"为名义,在所有店铺开展活动。

当时主打的口号就是"0 元购机"。也就是说,买新手机时,不需要支付手机的费用,而是与每月的通话费一起分期付款。因此对于消费者来说,就没有那么强烈的抗拒心理。而与其他运营商将旧的机型进行 0 元销售相对,软银甚至对 1 万—3 万日元左右的新机型也采取"0 元购买"的方式。

代理店不满的声音不绝于耳。

"开什么玩笑。这仅仅是自己力量弱的表现,马上就会难卖了。"

可是，采取新销售手段之后，签约人数中，"Super Bonus"人数的占比却越来越高。而加上7月份开始的"预想GUY"的广告以及职业棒球队福冈软银鹰队收购等诸多效果，手机运营公司软银移动的知名度不断提升。

10月26日开始了"新Super Bonus"活动，即在加入后的第三个月开始，根据分期付款的期数决定折扣率，对通话费进行打折。

当时预计10月份开始的目标是新签约人数中"新Super Bonus"的占比达到50%，但结果达到了70%。到了年底的时候，签约人数中90%是"新Super Bonus"的用户。而基站数也由过去的1.8万一下子增加到了5万。

手机网络的连接速度也比用户想象的更快。

同时，在10月24日的号码携带制度即将推出的前夕，软银偷偷地准备了新的资费计划。

软银在日本手机业内最早推出同一品牌之间定额语音通话费计划"Gold Plan"。也就是说，每月基本费用为9 800日元，一天之内，除了上午9点到下午1点，剩余的20个小时可以畅打电话，不收任何费用。同时，即使是电话使用最频繁的上午9点到下午1点，也有200分钟的免费通话时间。

孙正义对佐佐木提议："在'Gold Plan'的广告里，突出表示'0元'怎么样？"

NTT DOCOMO 和 au 也推出了各种打折活动，而孙正义希望再一次推出最具有新闻效应的卖点。

但是，却有一个问题。因为所谓的"0元"是需要满足一定条件的用户才能够享受到的，因此如果仅仅表达"0元"，很可能会招致误解。因此必须在广告的下方加入注释。

孙正义非常不满："为什么非得要这样的注释？"

10月24日，配合着号码携带制度的推出，软银也发布了新的资费计划"Gold Plan"。在电视和报纸广告中，非常抢眼地写着"通话0元，短信0元""全机种0元"，强调了它的廉价。

但是通信费0元是需要有数个条件的，比如通过分期付款方式购入手机、打电话的对象必须是同一家运营公司的手机用户等等。同时，在手机的购买上，如果用户在中途解约，必须将剩余金额一次性支付。

不仅仅是"0元"的冲击，同时在2007年1月15日之前加入的话，可以享受基本话费9 600日元的三折优惠，也就是2 880日元。在这样的强烈刺激下，用户的反应也是激烈的。在软银移动的店铺、量贩店、代理店，用户们蜂拥而至。

拜此所赐，发生了系统故障。一瞬间，与签约相关的系统停机了。所有的登录业务都被迫停止。而通常到 21 点才结束的营业也被迫中断。直到第二天，系统才恢复正常。

孙正义在记者招待会上低下了头："给大家添麻烦了，非常抱歉。"

而这个时候，宫内正好在各个销售网点巡视，他看到了不可思议的光景。在入口狭窄的沃达丰店铺中，即将满溢出来的客人们拥挤不堪。而店内，许多等待排队的客人们在烟灰缸旁边吞云吐雾。

在沃达丰时代，一个月连 10 万签约人数都难以达到，而变成了软银移动之后，突然翻了一倍多，达到了 20 万人，有时甚至达到了 30 万人。但即使是这样，在采取了号码携带制度之后，从新签约数和解约数之差的纯增加人数来看，软银的用户还是减少的。但是，如果还是像以前的沃达丰那样继续下去的话，那么客户就会彻底被签约人数激增的 au 夺走。

宫内对于第一战的评价，算是 60 分。

但是，与此同时，发生了意想不到的事态：非常拥有销售技巧的女性销售人员开始络绎不绝地辞职。从她们的口中表示出了对于软银的不满："软银太忙了。"

相当于沃达丰时代两倍、三倍的顾客突然到来，忙是当然的。软银的工作环境可以用"结不了婚""回不了家""脏"等 7 个日语中以 K 打头的词来形容,也就是所谓的"7K"。

软银为了分担每一家店铺哪怕一点点的工作量,在变更名称之后的一年内,增加了 1 000 家店铺。全国范围内软银的直营店增加到了 2 700 家。

比起女性销售员相继辞职更加棘手的是,关于他们新服务"Gold Plan"中所提出的"短信 0 元",公正交易委员会对此提出其违反了《赠品表示法》(对客户产生误导)的疑问,被紧急叫停了广告。虽然广告中写着"仅限软银用户之间"的备注,但是被指责为文字太小,无法看清。

总之,各方面都不顺利。

软银移动要对广告进行修改是不言而喻的。同时,还对 10 月以前所有签了"Gold Plan""Blue Plan""Orange Plan"的客户做出了不收取通话费的决定。因此产生了大约 5 000 万日元的额外负担。

如同是新加入者的洗礼一般,软银在报纸、电视等大众传媒上受到了攻击。而除此之外,孙正义个人也开始受到攻击。

事实上,NTT DOCOMO 和 au 都打了含混不清的广告。要接受服务必须签约两年,如果途中解约就必须支付违约金。而这些东西在广告中并没有表明。

软银向总务省提出了申诉，但是没有受理。

从"预想GUY"开始的好转趋势一下子被打压了，软银受到的责难也很激烈。

一般在这种情况下应该进入守势，同时根据情况可以暂停业务。但是孙正义一人承担了所有责任，不仅如此，还逆风前行。

"我们的广告中，'0元'太大而注释的字太小，被人们指责，这一点可以理解。但是其他公司也做了同样的事情，却什么警告也没受到。这一点很奇怪。"他表示要就此事进行申诉。

周围人慌忙阻止他："在这个时候还是安静一点比较好。"他们表示在这种时候如果处理不当，无异于火上浇油，还是等风头过去之后再说。即使连佐佐木也不敢说："这个时候应该拿出勇气来申诉。"

但是，孙正义依然还是在承认自己错误的情况下提出了申诉。"其他公司不也应该将注释的字写得更大、更清晰吗？"

坦率地说，孙正义就像是一个直到最后关头都坚持"坏的人又不是我一个咯！"顽固地不断做坏事的顽皮孩童。

佐佐木都有一点担心："这样地强出头，没关系吗？"

但是，在孙正义的申诉下，公正交易委员会开始行动了。对于其他公司的广告,加上金融机构的广告进行了重新审查,并且判明了这些广告都是会误导消费者的广告。

看起来更像是一种恶人告状的申诉,最终让经常会煽风点火的广告业界有了新的是非标准。孙正义的主张和诉求在那个时期受到的非难非常多,但是在这之后却成为时代的主流。

白户家的商业广告——用狗打市场的战略 >>>

在"Gold Plan"中受挫,却将孙正义的斗志完全展现了出来。他将所有的精力用在了思考新的资费计划上,以此取代到2007年1月15日截止的"Gold Plan"计划。那是一种在广告宣传中不需要添加备注的计划。连日里,大家围坐在一起召开经营会议。

基于这个想法制定的计划,称作语音通话定额计划"White Plan"。基本话费为划时代的980元,凌晨1点至晚上9点,软银用户之间通话免费,而对软银以外的用户通话,则是30秒21日元。基于对"Gold Plan"的反应,新的超级优惠没有任何附带条件。而且也没有根据签约时间来定的折扣。

就是从这时候开始,宫内谦感觉到,软银手机开始有了突飞猛进的成果。

"White Plan"让软银手机事业瞬间爆发式地增长。从

2007年1月16日新计划实行日开始短短三周内，签约用户突破100万人。

对于资费计划和服务进行展示的广告的重要性也越发提高。但是制作却来不及，同时预算也很少。因为软银的广告预算大部分要花在布拉德·皮特和卡梅隆·迪亚斯身上。

孙正义又发布了新的资费计划，叫作"W White Plan"。也就是说，如果在"White Plan"的基本通话费980元基础上再加上980元，也就是支付1 960元的话，那么，在收费时段软银用户之间的通话以及与软银之外用户通话的费用将再削减一半，达到每30秒10.5日元。

这个计划使得签约人数又一下子提高了许多。2007年3月，"White Plan"和"W White Plan"的签约人数突破300万。

每次孙正义在推出新的资费计划时，都会对佐佐木提出强人所难的要求："这个服务的宣传广告在周末要开始播放。"

商业广告从策划到摄影、编辑，不论多么赶都要一个月时间。从广告界的常识来看，孙正义提出的要求简直是乱来。

但是，不论怎么对他解释，说他的要求过分，孙正义都不会认同。"佐佐木是电通出身，所以老了。电通啊，

第三章 迈向世界的野心

博报堂之类的，就是因为中间环节太多了，所以才麻烦。就像产地直送那样，直接把东西送到电视台不就可以放了？"

他甚至还说：

"像'Yahoo BB！'什么的，我现在说的话，晚上就能播放。"

话已经说到这个份上，佐佐木也没有办法无动于衷了。

"无论如何都要快一点把广告播出去。"

他和作为广告策划者的泽本嘉光为此绞尽脑汁。

包括量贩店里导购员的人工费用在内，软银每年的广告公关费用在500亿—600亿日元。但这和NTT DOCOMO以及au相比还是少的。作为广告宣传费用，经常是削减再削减，因此一直处于很艰难的状况。

而制作广告，从策划到立案通常需要一个月时间，而之后要进行制作还需要一个月时间，因此到实际播放至少需要两个月时间，有时甚至需要半年的时间。

但是，为了跟上软银的速度，制作只有一个月的时间。如果按照平常的广告战略的话，无论如何也是来不及的。因此必须不断地进行即时的广告制作。有时候甚至创下了一星期制作一个广告的纪录。除了布拉德·皮特和卡梅隆·迪亚斯的宣传广告之外，已经没有可以安排其他栏目的余地了。

而一个一个拍摄广告的时间也没有。如何解决这个问题，成为栗坂达郎等人的一个课题。

这时候，一个新提案问世了。"其实我从过去就一直想着用狗打市场。世界上人们喜欢最多的动物是什么？是狗。比起猫，大家更喜欢狗。六成的人说喜欢狗。如果把握了这一点的话，支持者自然地就会多起来。"佐佐木喜欢狗的程度强烈到连办公室都会放犬型长凳，这也正是只有他才会提出的方案。

如果出现狗的话，就会有相当多的观众。这在某种程度上就好比 SMAP、岚等偶像一样，拥有相当的粉丝团。

"喜欢狗的人都使用软银，这是一个非常好的市场宣传。"孙正义也喜欢狗，于是同意了。

通过对狗进行各种拍摄，并且请配音演员进行同步配音，制作时间缩短了许多。虽然离孙正义提出的一星期时间还是有差距，但是也在最短十天左右就完成了。同时又和电视台强行交涉，把广告播放插了进去。2007 年 1 月开始的 "White Plan"，以及 2007 年 3 月开始的 "W White Plan"，两个服务的广告都采用了狗的拍摄场景，取得了相当的成功，广告的好感度等级进入了前十。

公司内部评价也很高。

但是，仅仅用狗拍摄，再加上台词，不论怎么说表现力还是不够。

"用狗打市场也取得了一定的成功，因此，再一次使用狗拍摄一个更加强有力的广告，来获得支持率吧。"有人这样提议。

其中有一个方案就是：拍摄狗脖子上也挂着一部手机的影像，表示"便宜得连狗也买得起"的意思。

但有人马上提出："这样的话，动物保护者协会又要指责我们什么了。"于是这个方案被否决。即使制作方没有别的意思，但是如果接二连三都发生同样的事情，那品牌形象就会受损，而且说不好还会变得紧张兮兮。

而且，只有狗出现的广告，实在是不够"高大上"。

"为什么一边是好莱坞明星，这里却是狗？"佐佐木内心也很沮丧。

正在这个时候，孙正义对佐佐木说，要开始公布新的服务计划了。

新计划叫作"White 家族 24"，也就是使用了"White Plan"的用户的家庭折扣，即同样使用软银的家人的手机之间 24 小时免费通话。从 2007 年 6 月开始申请，申请加入家庭折扣的自动使用。原本其他公司也有家庭折扣相关的服务，但是完全免费的却没有。

对佐佐木来说，既然没有时间也没有预算，那么就一如既往，继续采用犬系列，并且开始探讨设定一个狗狗家族的场景。

而这时候，佐佐木原来的同事，也就是电通的员工所组成的创意公司"TUGBOAT"，已经开始 NTT DOCOMO 的新产品"DOCOMO 2.0"的促销活动。他们制作了一个以浅野忠信、长濑智也、妻夫木聪、瑛太、吹石一惠、土屋安娜、苍井优、北川景子等男女演员阵容登场的华丽广告。

佐佐木被原来同事做的广告刺激到了，他对泽本说：

"犬家族不是不可以，但是希望能够有更多一点东西，如果这样只有狗的话，实在太让人不甘心了。"他希望能够做出更加有冲击力的广告。

孙正义对佐佐木提议说："做一些登场人物的设计，制作一个拥有故事情节的广告。在这当中，有让大家不禁问'为什么'的勾起记忆的部分，充满幽默的部分。无论如何要做一个让大家迅速提升好感度的方案，而且，到最后回头再看一下全部的广告，会觉得好像是一部非常有趣的连续剧。"

目前可以看到的广告，基本上就是帅哥美女、香车宝马，可是到了第二天要回想一下是什么公司的哪一种车型，一点也想不起来。孙正义认为这些广告丝毫没有电影或者电视剧那样的故事性，也反映不出片中男女演员或模特儿的背景。广告并不是只要将商品装饰得漂亮一些就可以了，而是要将自己所喜爱的商品的好处，想方设法告诉

第三章 迈向世界的野心

大家。

因此，提出了在 15 秒的短时间内，将故事精炼地通过电视剧方式讲出来的要求。

"如果能够做出自己喜爱的广告，那么在两个月后、三个月后，当出现续篇的时候，最初所留下的记忆又能重新唤起。不论年龄、性别，不论谁都会对此产生好感。"孙正义就是这么想的。这也是广告史上最初的尝试。

基于这一点想出来的，就是"白户家"。

佐佐木等人根据孙正义描述的蓝本，开始了广告的策划。这是一个有父亲、母亲、哥哥和妹妹的四人家族的故事。

扮演身为 SoftBank 店员的"妹妹"的是上户彩，也是自"Yahoo！BB"的广告以来的第二代形象代言人了。而上户所属的公司 OSCAR 的社长是栗坂的熟人，因此在时间上有所融通。而"哥哥"的角色是由当初软银广告"预想 GUY"中出场过的丹特·喀瓦（Dante Carver）扮演，他当时还并非十分有名，因此时间调整比较方便。演"母亲"角色的是樋口可南子，虽然她之前没有接过软银的广告，但却是孙正义和佐佐木喜欢的类型，因此选择了她。一直迟迟未决的是"父亲"的角色。虽然将比较适任的男演员列出了一个名单，但是，孙正义似乎一个都不满意。即使出现了中意的男演员，经纪人公司也因为日程排不过来而谈不拢。"妹妹""哥哥"和"母亲"的角色都选择了最合适的演员,如果"父亲"的角色最终只能退而求其次,实在是太不甘心。

到了再不拍摄就要来不及放映的最后关头,作为广告策划人的泽本突然提出了一个让人叹为观止的主意:"父亲的角色让狗来担任吧。"

因为过去的广告中曾经用狗出演过,因此就决定再次使用狗,并将这只狗作为"父亲"的角色。

"将狗作为父亲,描述一个狗掌控权力的家庭的故事怎么样?"

佐佐木等50岁左右年龄层的人共同的记忆,就是家里有一个威严的父亲。父亲正襟危坐发出怒吼,而孩子们和母亲在一边脸色煞白。这种令人怀念的家庭场景中的父亲由狗来演,而家中的长子还是一个黑人。一个异想天开的家庭组合,在日常生活的故事中,达到了宣传广告的目的。而从某种程度来说,这种微微还有一些庸俗的场景,反而有自己的味道。

这是孙正义无论如何也想不到的主意,他被佐佐木团队的意见惊呆了。"这个太有趣了,泽本看上去一副没精神的样子,没想到真的是天才。"但是,孙正义却没有就这样完全认同:"但是,让狗作为父亲,没这个必要吧。"

佐佐木却提出了反驳:"不,就是因为狗才有趣。"泽

第三章 迈向世界的野心

本也加入了佐佐木一方，两人联手终于说服了孙正义。

孙正义自己也知道，如果不推出一个独到的广告，根本不可能战胜 NTT DOCOMO。"好吧好吧，那就这样吧。"

佐佐木心中一阵惊喜："这算是通过了，孙正义真的也接受了。"

出演"父亲"角色的是一只名叫"甲斐"(Kai)的白色北海道犬。而最终决定用它，是因为它的白色。原本用于猎熊的勇猛果敢的北海道犬，能够非常好地表现出"父亲"的气势。而给"甲斐"配音的是演员北大路欣也。

北大路欣也在当时出演了由木村拓哉主演的电视剧《华丽家族》。他饰演的是木村拓哉所演的万俵铁平的父亲。因此，北大路不仅仅可以表现出威严，更是一个具有喜剧效果的父亲，对此，谁都认为是最佳选择。

泽本让作为一家中心的狗父亲，说出了谁都不敢反驳的有威严的话。这也表达出了当下事实上已经软弱化、在家里不敢明确表达自己意见的父亲们的心声。

为什么"父亲"是条狗，就在这样的谜团不解的情况下，又拍了第二集、第三集，各种谜团逐渐解开。

"父亲，实际上是中学的老师吧？"

"妈妈是那所中学的校长吧？"

"父亲其实是索邦大学毕业的吧？"

< 177 >

在孙正义的眼里，不论佐佐木、泽本还是大贯，对于广告推送方和接受方的心理都是了解得透彻无比；对于以狗父亲为主的角色的感情，以及对每一部作品的热情，都非常之深，而且又有幽默的意味。因此，每一部作品都是平衡性非常好的优秀作品。

即使现在，每星期都会召开软银广告策划会议，每一次会议都要花2—3小时。

每一次会议都是先看佐佐木制作好的三部候选作品。制作方说明制作的意图以及背景，而看的一方也不进行评论。在丝毫没有任何先入为主观念的情况下进行作品审视。最后以多数通过的方式决定哪一部作品最好，并将最终剩下的作品进行修正，进一步完善。

以秒作为单位的广告，其中台词的字数都会有限制。简直就像是"五、七、五"结构的俳句一样，仅仅改变一下语言顺序以及最后的结句，印象就会截然不同。如果能够加强台词的冲击感，就能带来突如其来的幽默效果。

原本在小学时代就希望成为画家的孙正义，这时并不是作为软银集团的社长，而更像是以一个创作人的立场，将自己自由的想象加入到了讨论之中。而能够和制作人一起加入热闹的讨论，是一件极其快乐的事。

但即使如此，对于同一个广告的制作，他和佐佐木等人之间还是会有观点上的差异。对于佐佐木来说，最重要的是提高广告的美誉度,而与此相反,孙正义更关心的是经济效果。他必须计算这个广告能够让软银商品的销售额提高10%还是20%,在这基础上再考虑美誉度。

当双方意见实在无法统一的时候,孙正义就会半开玩笑地说:"如果你们实在觉得你们的方案好,那就自己掏钱吧。这个钱我是不出的。"

双方进行了充分的讨论,但最终还是要做好"发动强权"的思想准备。

在以商业广告为核心的宣传战略中,经常要面对各种判断和决策。比如在各种商品中,在某个时段集中展示哪种商品能够带来最大利益;立足于未来,现在必须强化品牌中的哪一个部分;将哪一种新技术公之于众效果最好;资费系统中的销售点又是什么,等等。

因此,从经营、营业、财务、广告宣传、技术等综合视角来看,孙正义也认为作为企业最高领导者,应该更加深入参与广告宣传战略。

用笠井和彦的话说,孙正义从设计师所设计的多达150幅作品中选出50幅,速度实在是快得惊人。

孙正义经常对笠井说:"这一次的广告很有趣,你可以期待一下。"

"白户家"获得了好评。

即使在今天,软银的广告每次推出新作,都会在美誉度排名中位列前茅。

栗坂达郎当初根本没有想到过广告能够引起如此大的轰动。而在预算、日程安排处处受限的情况下，不得不制作出来的这样一个广告，结果能达到如此巨大的效果，实在是幸运之极。

而作为策划者的泽本，有一次去参加孩子的家长会时，被一个完全不认识的小孩叫住："原来你是'父亲'的父亲啊！！"

这么引起轰动的广告，至今为止还没有过。

泽本曾经为日本煤气公司制作过"GAS"、为日本民间放送联盟制作过"CM 的 CM"等风行一时的广告，却从没想到会因为自己广告的人气而受到关注。

如果仅仅是白户家的连续剧，那么总有一天观众会看腻的。于是，他还让在 NHK 大河剧《笃姬》中出演并一度成为热议话题的女星松坂庆子饰演一家人经常去的酒吧的老板娘，并且在"免费篇'海豚叔叔'"中，作为狗父亲的叔叔，让一头白色的海豚也成为出场人物。

白色海豚的拍摄，预定是在位于岛根县浜田市的岛根县立水族馆"岛根海洋馆 AQUAS"中进行的。但是到了拍摄前夕，岛根县议会突然面露难色。因为他们觉得，县里的公共财产被一个民间企业用于拍摄广告并不恰当。但最终还是解决了问题，完成了拍摄。而对于水族馆也产生了意想不到的效果,想来看白色海豚的观众比往年多出许多,礼品屋的商品也几乎一售而空。

目前说到商业广告宣传,软银可以说是完全超越了NTT DOCOMO 和 au。但是如果想开始守住这样的地位,恐怕又要遭到孙正义的呵斥了。"我们要做完全不同的事情。给我做一个新的策划!"

孙正义对于广告的看法,与刚由佐佐木接手广告制作的时候相比,有了巨大的变化。从广告开始播放的时候起,他就会严密地进行广告调查。

作为广告调查,大的层面有两个:是否知道品牌名称、是否通过广告知道该品牌,也就是所谓的认知度调查;是否喜欢这个广告,也就是美誉度调查。

对于大多数企业的经营者来说,更为关注的是广告是否将自家商品形象传达给受众的认知度调查。而像孙正义这样连美誉度都要调查的经营者是十分少见的。

孙正义经常放在嘴边说的一句话变了:"广告,不被接受可不行啊。"

不要将信息流到下面 >>>

2008 年 7 月,软银公司开始销售苹果公司开发的新型手机终端 iPhone。

孙正义再一次自信满满地拜访史蒂夫·乔布斯,是在他决定收购沃达丰日本法人之后不久的事情。

他通报了收购沃达丰日本法人的事情，并且再一次提出了将 iPod 加入手机终端的提案。

乔布斯说道："是吗？收购啊。那我们就具体地谈谈吧。"

这是在 iPhone 仍未发布的时候。对于 iPhone 发布后，在日本是由 DOCOMO 还是由 au 进行销售一度引发了话题讨论。但是，事实上在这相当一段时间之前，孙正义已经和苹果公司开始洽谈了。

2009 年 1 月，软银的手机签约人数超过 2 000 万。

2 月 2 日，软银移动又发布了限时促销活动"White 学生家族折扣"。

2 月 3 日至 3 月 31 日，中小学生、大学生以及专科学校的学生及其家庭，如果新签约"White Plan"的话，在 3 年时间内，月租费 980 元就能享受对折，仅为 490 日元。这也是趁着新学期开学前，挖掘新的需求。

促销活动的发布只有包括栗坂为首的一小部分人知道。原本应该是让所有的代理店、销售店等全部知晓以后再发布，同时开始推行服务的。但是这一次却完全无视了这个流程。

当然，相关人员中有不少抱怨声。

"这么重要的事情，为什么不事先告诉我们？"

这其实也是学习苹果公司的方式。苹果公司经常会将信息隐瞒到发布之前的最后一刻,并且一下子进行宣传。由于没有任何的提前通知,因此相关人员会引起混乱。但是,这样做能够给予用户更加强烈的冲击。

软银也是如此,在给予用户足够冲击的同时,也在努力规避某种风险。也就是说,在软银移动的新手机发布会时,同行业的其他公司也召开了发布会。如果"White 学生家族折扣"的活动向相关人员通报了会怎么样呢?就有可能事先泄漏到竞争对手公司去,而可以预见的是,对手公司得到信息之后,必然会采取同种服务进行对抗。因此,最终选择了以极其保密的方式推进计划。

对于同行业的公司来说,它们会判断:如果软银要推出新的服务,一定会在新手机发布会的同时推出,但是因为一直没有得到任何新服务的消息,于是有些松懈。但是,软银移动却在这个时候突然发布了新服务,令对方措手不及。真可谓是奇袭作战成功。

栗坂达郎所率领的公关部门,经常会有一些只有极少数人知道的商品和信息。

孙正义对栗坂说得耳朵可以起茧子的一句话就是——"听好了,不要将信息流到下面!"

可是,如果完全按照所指示的那样做的话,第一线就无法采取任何行动,工作也无法开展了。栗坂也反复对孙正义进行劝说，最后，终于制定了一个可以传达最低限度信息的体制。

栗坂达郎自从 2000 年从电通跳槽到软银，简直像是一年时间过了六年一样。从收购了大荣鹰队到现在也只不过过去了四年，而起用广末凉子拍摄"Yahoo! BB"广告也只是两年前的事情。但是对于栗坂来说，就好像过了 15—20 年一样漫长。

软银移动的广告部只有 9 个人，人数只有一般企业的一半左右，工作的强度几乎达到极限。

自从收购了沃达丰之后，软银移动内部组织进入了一种混乱状态，而这种混乱状态逐渐正常化花了不少时间。也正因为如此，宣传部门才成为这种状态：又要做宣传册，又要做网站，虽然最近人数有所增加，但是依然还是不够。有一些工作几乎需要有专业的知识才能做，但是要招到拥有一定技能的人才实在太难。

也就在这种伤痕累累的状况下，部门不断通过自身的努力走到了今天。而能够做出引起这样轰动的广告，对于栗坂自己来说，也是感慨万千。

他和佐佐木建构起了当初在电通不可能架构起来的体制。软银内部有对广告宣传非常精通的专家，而软银外部也有能够和孙正义进行非常良好意见沟通的人的存在。孙正义与栗坂、佐佐木、泽本、大贯以及电通的营业部门一起形成了一个良好的团队，凑齐了所谓的"七武士"。这也是能够制作出引起轰动的广告的最大条件。

栗坂认为，软银的企业形象还只建设了一半。他希望能够创造出与电通原社长吉田秀雄提出的"鬼十则"那样的、孙正义版的"鬼十则"。

由沃达丰转向软银移动的手机业务，在包括福冈软银鹰队的球队宣传效果带动下，整个九州的市场份额从过去的 14％有了巨大的提升。

在栗坂看来，"白户家"广告的经济效果，至少也有 300 亿日元。而在这个广告的支撑下，实现了连续 23 个月签约用户净人数的增加。从企业经营的角度来说，这样的势头至少希望能够保持 3 年。而且，如果能够继续突破和进步的话，这样的势头可能会永远持续下去。究竟能够走多远，很想挑战一下。

第四章 疾风怒涛般的并购史

进军美国，走向世界 >>>

在本章，我们将再一次回顾软银集团的并购（兼并和收购）历史。

1993年秋的一天，孙正义走在赶往位于拉斯维加斯的全球最大电脑展会COMDEX的会议室的路上。

总部位于马萨诸塞州的INTERFACE集团，以拥有拉斯维加斯著名赌场的金沙酒店（Sands Hotel）为首，除了酒店主营业务之外，还包括航空、COMDEX等五个事业部门。孙正义与INTERFACE集团主席谢尔登·G·阿德尔森第一次见面是在1985年8月的日本，同为创业者的他们可谓气味相投。

阿德尔森主席以及INTERFACE集团的总经理杰森·

屈诺夫斯基穿得西装笔挺，与七位 COMDEX 的员工等待着孙正义的到来。

以阿德尔森主席为首的出席者，除了屈诺夫斯基以外的董事会成员都是 60 岁出头的长者，因此大家都有退隐之意，也非常坚决地希望出售 COMDEX。

Reed、Miller Freeman 以及投资公司雷曼、Blenheim 等多家公司都表达了收购的意愿，虽然并没有正式发布，但是已经传出了风声。

不过，COMDEX 还是希望能够卖给与电脑相关的企业，而之前报名的企业都是其他行业的，因此并没有太大出售的意愿，而正在此时，软银表示希望收购 COMDEX。孙正义可谓是 COMDEX 的客户之一。在召开 COMDEX 大会时，孙正义曾经为了获取一个好的展位不惜排队，屈诺夫斯基多次将视线落到他身上。

但是看到进入会议室的孙正义的样子，所有人都吃了一惊。衬衣敞开着，也没有系领带，穿着休闲裤。他一身随意的装扮，让人不禁怀疑他是否真的有收购 COMDEX 的打算。他宽阔的额头上满是汗珠。

找到自己的座位坐下后，孙正义用手帕擦了一下额头上的汗，说出的第一句话再一次让阿德尔森主席吃惊不已。

"COMDEX 将归我所有。"

孙正义突然这样开口说道。不要说是谈判了，买卖双方连条件都没有开。关于收购的事宜，大家的头脑还是一片空白。

阿德尔森主席问道：

"你有足够的资金吗？"

孙正义明确地表示：

"还没有。"

阿德尔森主席表现出一丝为难，他实在是不能理解孙正义的想法，视线向屈诺夫斯基总经理转去。

若要比较 COMDEX 和软银的资本规模，明显是 COMDEX 更为巨大。但软银却打算要收购 COMDEX，况且还没有钱。阿德尔森主席充满着不安和困惑，又问孙正义：

"你为什么要收购 COMDEX？"

"因为喜欢电脑行业。"

孙正义的这一句话，博得了董事会成员的好感。因为他们也从各种行业人士的口中听到了希望收购的言论，但他们希望将 COMDEX 出售给一个能够将它在电脑行业中良好地运营下去的企业。而他们认为孙正义就是这样一个人选。

孙正义半开玩笑地说：

"虽然没有资金，但我打算在开展事业的同时，提供具有中立性的基础设施。COMDEX也正有这样的愿望。如果真有心想出售,那就不要卖给别人,而卖给我。虽然现在没有钱,但是我们公司的名称叫'软件银行',听上去就是一个会赚很多钱的公司。"

接下来,轮到孙正义发问了:

"COMDEX为什么不走出拉斯维加斯,将展会越做越大?"

阿德尔森主席自信满满地说:

"我们已经成功了,获取了相当多的利润,因此没有兴趣将它做得更大。"

阿德尔森主席的话语中透露出的意思是:只要召开展会,就会有全世界的经营者移步拉斯维加斯,因此没有必要刻意把展会开到世界各国去。

但孙正义否定了他的想法:

"拉斯维加斯并不如你想象的那么大。从整个世界来看非常小。在这样一个小地方,能够指望全世界的人都来吗?如果我收购的话,将把COMDEX做成世界规模。"

孙正义一手拿着数据,开始慷慨激昂地说:

"我们不能等待客户上门,而是要主动出击。必须积极地提供基础建设和其他服务。如果连这点努力都做不到的话,还算什么企业呢?"

孙正义说明了自己公司采取的经营模式,就是通过转让一部分权限，使工作职责更加明确，并让负责人在明确自身职责的情况下开展工作。同时，为了让负责人更有动力，必须采取必要的激励制度。

阿德尔森主席笑了，心想：

"你真是一个有趣的人。"

他差一点把这句话说出口。而孙正义还是继续着他的陈词：

"我们会尽快准备好资金，因此希望你们不要卖给别人。我一定也会报名收购的。"

阿德尔森主席满脸笑容地说：

"你说的我懂了，那就等准备好钱再来吧。"

孙正义慢慢地站了起来说：

"我一定会准备好收购的资金再回到这里。"

感受到了来自对方的切实的回应，孙正义心想：

"作为第一次的谈判，这个结果算是很好了。"

告别时，阿德尔森主席的表情仿佛在告诉孙正义，只要条件妥当，一定会和自己联系，至少在正式出售之前，也一定会和自己打招呼。

在这之后，孙正义从屈诺夫斯基总经理口中听到，他被孙正义提出的要将COMDEX在全世界进行拓展的雄心所深深吸引。

"阿德尔森主席也和孙正义先生一样，是一个拥有伟大梦想的人。但是两人梦想的规模却完全不同。阿德尔森主席的规模是数亿美元，孙正义先生所考虑的却是数十亿美元。虽然有着同样的梦想，但是孙正义先生的梦想规模却是完全大一个层级。"

拥有伟大梦想的孙正义，对于屈诺夫斯基来说也许是可靠的，但资金却是一个大问题。屈诺夫斯基心想：

"难道是因为这里是赌博之乡拉斯维加斯的缘故吗？这一场收购该不会也成为巨大的赌博吧。"

激情收购 Ziff-Davis >>>

孙正义开始寻找在世界展翅高飞的机会。1994年6月，秘书拿来了一封传真，在迅速地浏览了一遍之后，孙正义心想：

"这真是绝佳的机会！"

发传真的是软银美国公司的社长多罗塔（Ted Drota），传真中写道：

"《PC WEEK》的出版商 Ziff-Davis 公司决定要出售其出版部门和会展部门。由于现任主席齐夫年老体衰，希望将产业移交给自己的儿子。但儿子却希望将资产用来进行投行业务，丝毫没有继承父业的想法。于是齐夫不得已只好将事业部门出售。"

同时一起寄来的还有《华尔街日报》中登载的报道，

看来并不是空穴来风。并且，ZD公司将通过竞标方式决定最终收购者。

ZD公司，全称Ziff-Davis Communications，位于美国纽约州，其出版部门是全世界最大的电脑杂志发行商。而它的会展部门负责世界最大的信息网络综合展会Interop的策划和运营。而Interop正是孙正义期望收购的COMDEX的最大的竞争对手，年销售额达到9 000万美元左右。

之前在和比尔·盖茨的一次谈话中，孙正义曾听比尔·盖茨说应该每周都看《PC WEEK》。从那之后，孙正义的头脑中就一刻不忘ZD公司的出版部门。虽然他在1990年3月获得了《PC WEEK》日文版的出版权，但想要更进一步的愿望却越发强烈。最后孙正义决定，只要有可能，就要收购ZD公司的出版部门。看了那封传真之后，更是坚定了他的想法：

"现在正是收购的最好时机！"

软银之前曾经收购过PHEONIX Technologies的出版部门，但是那和收购ZD公司的出版部门完全不是一个规模。这次是真正意义上的大型收购。

"一定要成功！"

他默默地下定了决心，并投入了比平时更大的力气。

孙正义立刻开始做竞标的准备，他联合了世界最大的投资银行摩根士丹利和数一数二的会计师事务所普华永

第四章 疾风怒涛般的并购史

道，组成了自己的团队。

竞标说到底就是信息战。了解竞争对手的竞标金额，而自己则在这之上略微加价，这才是最为理想的投标方式。

孙正义通过自己的信息网进行了全方位的调查。对公司公布的数据、公司的内核以及销售额的增长等各个方面都进行了调查。此外，还对与合作伙伴签署的协议的内容等信息进行了全方位的收集。

同时，他又向纽约银行、大通银行、花旗银行等美国的银行提出了融资申请。

令人惊讶的是，三家银行都在一星期之内做出了同意提供一千数百亿日元的无担保融资的答复。速度之快让孙正义目瞪口呆。

"一次交道都没打过，居然就这么简单地同意融资了。"

在美国，并购是一项极为平常的经济活动。银行对于软银公司进行调查，并且迅速做出判断也是理所应当的。只要他选择了其中一家银行，该银行就会组成一个融资团，筹措一千数百亿日元的资金。

孙正义最终选择了纽约银行，负责人将承诺函交给了孙正义。

"竞标的时候请交给 ZD 公司。"

所谓承诺函,也就是资金筹措的保证书。

孙正义对于收购没有太多的知识,第一次知道还有这种东西。

孙正义对 ZD 公司的投标工作是悄悄进行的。但不知道从哪里走漏了消息,《日经新闻》进行了独家报道。报道一出,孙正义曾谈过并购电脑展会 COMDEX 事宜的 INTERFACE 集团的主席阿德尔森派出的代表立刻找上门来。代表说道:

"主席说,'如果孙正义先生希望收购 ZD 公司的会展部门的话,就将我们的 COMDEX 一起收购了吧。与其和你们做竞争对手,不如一起被收购。'"

孙正义回答说:

"的确,COMDEX 最大的竞争对手是 ZD 公司的会展部门。如果能够将 COMDEX 和 ZD 公司的会展部门都纳入旗下的话,就可以掌握美国会展市场 75% 的份额。"

代表继续说:

"您曾说过,只要资金充足,就要收购 COMDEX,这个想法没有改变吧?"

孙正义说道:

"没有改变。但是目前最重要的是收购 ZD 公司的出版部门。但如果竞拍失败的话,就会立刻转变方向收购 ZD 公司的会展部门,当然一起收购 COMDEX 的方案我也会放在心上。"

决战之时的韧劲 >>>

现在,关于收购 ZD 公司出版部门所剩下的,只有数百亿日元的资金筹措了。

孙正义向之前一直有业务往来的日本的银行提出了融资申请。但是日本的银行和美国不同,如果申请方没有收购的经验,决策时间就会拖得很长。

负责人说:

"我们会在投标期限之前给出答复。"

孙正义对究竟有多少个竞争对手准备竞标进行了彻底的调查。而这期间,他听到了相关人士们之间的议论。

"对于此次收购,最为热心的是软银。"

这对于孙正义来说简直是一股东风。

孙正义在竞标前 5 天来到了纽约,与当地的团队进行最后的准备。但此时他的内心却无法平静。

"不论最后竞标价格是多少,只要日本的银行不签字,最终都无法成功。"

随着时间的推移,日本的融资银行的回复终于送到了身在纽约的孙正义之处。

在竞标当日,也就是 1994 年 10 月 25 日黎明之前,所有的银行都做出了融资决定,剩余的资金筹措也到位了。孙正义认为，成功收购已经没有丝毫的疑问了。

"看来，ZD公司的出版部门已是我囊中之物了。"

孙正义在投行摩根士丹利的办公室中与软银的常务董事兼财务部长小林稔忠以及投资顾问一起，就竞标价格进行最终的确定。

办公室里，还有近20人正在对几小时后即将开始的竞标做着最后的准备，空气中弥漫着紧张的气氛。

当正午的钟声敲响之后不多时，孙正义接到了来自ZD公司方面的投行——拉扎德公司（Lazard Freres）员工的电话。

"现在有点问题。"

"这到底怎么回事，我们这里的资金已经准备好了。"

"福斯特曼·利特尔（Forstmann Little）公司获得了优先独家中标，因此这一次的竞标结束了。"

孙正义根本不知道发生了什么事情，他从未想过这次竞标会以这样的方式中断。

"怎么回事，究竟……"

"福斯特曼·利特尔公司获得了单独谈判权，然后竞标结束了。"

孙正义从没听说过这家公司，之后查了才知道，它是美国的一家投资公司。

听拉扎德公司的员工说，福斯特曼·利特尔公司的主

第四章 疾风怒涛般的并购史

席泰迪·福斯特曼(Ted Forstmann)将ZD公司的主席齐夫关在房间里,报出了自己的金额,并咄咄逼人地说:

"我们出现金。要么就接受我们的报价结束竞标,要么依然按照约定进行竞标,那我们就退出。至少,你是收不到我们的标书了。"

泰迪还表示,如果ZD公司主席不做任何回答走出房间,那么谈判就此破裂。他希望在竞标开始之前就决出胜负。

如果真的开始竞标,那么福斯特曼·利特尔公司必然会输给拥有世界最强团队且志在必得的软银,因此,泰迪趁软银还不确定是否能够筹集到足够资金的时刻就孤注一掷,逼齐夫在确定可以收到一笔钱或是不确定的竞标之间做出选择。

最终齐夫选择了确定性的结果。福斯特曼·利特尔公司的手法简直像是击中了软银的阿喀琉斯之踵,这是身经百战才会拥有的巧妙手法。

但孙正义还是决定要争取一下。

"究竟对方出了多少钱?"

"对不起,不能说。"

"你不能说就不说吧,我加1亿美元。"

"这不行。"

"那就再加5 000万。"

事实上，对方用 14 亿美元(1 400 亿日元)将 ZD 公司的出版部门购入旗下，如果真的进入竞标阶段的话，准备了 16 亿美元(1 600 亿日元)的软银铁定将获得胜利。

拉扎德的员工已经开始不耐烦：

"你不用再说了。"

看来，没有丝毫挽回的余地了。

孙正义低声回答：

"是嘛……"

居然还有这种做法，简直令人难以置信。

孙正义召集了办公室所有的人，和他们说了这个情况。员工们自从孙正义来到纽约之后，几乎都没有睡过一觉，全心全意扑在竞标的事情上。当他们听到自己千辛万苦努力的目标突然消失了，全都哑然了。

其中有一个人将手中的资料狠狠地摔倒了地上：

"竞标取消了，究竟是怎么回事？"

员工们有的开始怒吼，有的开始流泪，每个人都表现出了心有不甘。这一切深深地映在了孙正义的眼里。

等大家的情绪有一些缓和，整个现场安静下来之后，孙正义突然大声笑了起来：

"啊哈哈！"

由于自己的努力全部白费而心情沮丧的员工们，看到孙正义的样子，不禁想：

"孙社长是不是因为受的打击太大,脑子有点坏掉了?"

可是孙正义却用愉悦的口气说:

"这就像是一场电视剧。真是一个戏剧性的结尾。与其为了最后价格上差个30亿或50亿日元输掉竞标而懊丧不已,倒不如输在现在这样的戏剧性的结果上更加有意思吧。但是我们也学到了很多。在这过程中,我们学到了美国式的并购。将这一切铭记在心本身就是软银最大的财富了。像这样的博弈今后一定还会有很多。虽然这一次是被人家给好好上了一课,但是我们的确也学到了东西。"

这并不是对于失败的开脱,至少孙正义的心里是这么想的。

员工们也渐渐恢复了精神,孙正义笑着说:

"我的能力不足,因此偶尔也会失败,但我从心底里感谢大家的努力,而且大家之间组成了非常好的团队,希望能够好好珍惜这样的关系。"

孙正义以及其他人还没有吃过午饭。孙正义请大家去了中国餐馆,也算是为了安慰一下大家。

员工们彻底从阴霾中走了出来,开始开起了各种玩笑,孙正义也捧腹大笑起来。

孙正义回到宾馆的房间是在两个小时之后。虽然在大家面前表现出乐观开朗的样子,但是当他关上房门的那一刻,内心所累积的情绪一下子爆发了出来。

"可恶!"

费了这么大的努力准备竞标,结果却在上战场一决雌雄之前被对方给击败了,这种屈辱感让他的眼泪止不住地留了下来。

但是他却告诫自己说:

"现在,先好好睡一觉。先让筋疲力尽的身体得到恢复才是头等大事。至于接下去怎么办,等睡醒了再想。"

拉上了窗帘,脱掉西服,摘下领带,孙正义没有换上睡衣就躺到了床上,不多久就传出了呼噜声。

不知过了多久,孙正义感觉自己像是被谁摇醒了,迷迷糊糊的,甚至都不知道自己究竟在哪里。

他马上看了一下枕边的闹钟。昏暗的房间里,涂着荧光涂料泛着绿光的指针指向了下午 4 点 55 分。"只过了 3 个小时不到。"他一边看着闹钟的指针,一边想。

"ZD 公司出版部门已经被其他人收购了。那么参加举办 Interop 的会展部门的竞标如何?"

一片空白的孙正义的头脑中,突然想起了一个声音:

"等一下,两周前,INTERFACE 集团的代表曾经来过,如果顺利的话,可以将他们的会展部门 COMDEX 收入旗下,同时再收购 ZD 公司的会展部门。"

ZD 公司的会展部门最重要的业务就是信息网络的国

际性展会 Interop，每年营业收入 9 000 万美元，有将近 2 000 家企业参加。在美国和 COMDEX 可以说是分庭抗礼。如果将 ZD 公司的会展部门和 COMDEX 同时收入旗下的话，就能获得美国市场 75% 的份额，可谓是压倒性的优势。

"与其在这里失败，狼狈地回国，不如先参加 ZD 公司会展部门的竞标，这也是向世界开展业务的第一步。"

他举起了闹钟旁边的电话，在竞标结束前 5 分钟，给投行摩根士丹利的投资顾问打了电话。

"你给 ZD 公司打电话，说我们参加会展部门的竞标。"

"什么？你还准备向 ZD 公司出手吗？"

因为在竞标前一刻遭遇毁约，因此摩根士丹利的投资顾问已经不想和 ZD 公司有任何来往了。

但是孙正义丝毫不容分说：

"没有时间了，你去给我谈，让他们推迟竞标截止时间。因为出版部门的竞标，是对方违约，提前结束了竞标，所以这一次会展部门的竞标，让他们给我们商讨价格的时间。如果他们不同意，那就对我们太不公平。你可以理直气壮地对他们这样说。完了之后让所有相关人员在你那里集中，我也马上过去。"

"你是认真的吗？"

"认真的！"

投资顾问隔着电话都能够感受到孙正义的态度，不由地紧张了起来。

"我知道了，虽然这有点疯狂，但是我马上联系。"

孙正义拿起扔在一边的西装，没有系领带，甚至没有洗脸就冲出了房间，奔往办公室。办公室里除了投资顾问之外，已经有几个人在场了。

"对方说知道了。"

"嗯，好的。"

孙正义和已经集中的人一起，立刻开始了价格的探讨。其他接到联系的人也纷纷来到了办公室。而在这期间，大家就竞争对手可能会出的价格、软银提交的价格是否合适等问题，对所有数据进行了研究。

孙正义决定以自己个人持股的公司 MAC，对刚刚起步、还没有产生利润的会展部门进行收购。最终计算的结果，软银出资 1 亿 2 070 万美元，MAC 出资 8 130 万美元。

而孙正义在此时又有一点恶作剧的想法：

"我再加 7.2 万美元。"

对于孙正义来说，"72"是非常具有纪念意义的数字。于是最后总计金额是 2 亿 207.2 万美元。

虽然是短时间内计算的结果，但是足以让他们最终以超过竞争对手207.2万的价格,非常成功地将ZD公司的会展部门收入帐下。由于并没有太大的竞标价格差距,因此可谓是极其高效的一次收购。对于孙正义而言,人生第一次大型并购,就以这种理想的形式结束了。

中午刚刚开了安慰宴,晚上就立刻开庆功宴。在宴会上,投资顾问问孙正义:

"为什么最后又加了7.2万美元的零头?"

孙正义笑着说:

"其实我半年前打高尔夫,完成了一次标准杆击球。"

"哦,这个很厉害啊。"

"当时的分数是72,因此对于我来说72就像是一个幸运数字一样。所以最后就加了一个零头。"

投资顾问高兴地拍着手说:

"原来如此,所以是72啊。也许它真的是一个幸运数字。也多亏如此,会展部门最终到你的手中了。"

孙正义在1994年11月2日正式公布:

"我公司已收购Ziff-Davis Communications的会展部门。"

将会展部门握于手中,等于获得了无法估量的影响力。软银通过这样一次收购,不仅展示了它在互联网业务上的成就,同时还能够扩大客户群。

孙正义对记者们说:

"我学会了大型并购的流程。下一次一定会进行得更加顺畅。"

孙正义跨出了向世界展翅高飞的一大步。

在收购了ZD公司的会展部门之后,他其实并未对自己最心仪的ZD公司出版部门完全死心。不久之后,他就去会见收购了ZD公司出版部门的福斯特曼·利特尔公司的主席泰迪·福斯特曼。

泰迪主席也许是感冒了,一边吸着鼻子一边听孙正义的讲话,但明显表现出不悦。

听到一半的时候,他开始不耐烦。

"我刚刚收购下来,怎么可能轻易放手?"

他站了起来,表示不用再多说了,请孙正义快点回去。但即使这样,孙正义还是不放弃。

"我一定要收购下来。"

孙正义的谈判力 >>>

孙正义给拥有世界第一电脑展会COMDEX的INTERFACE集团主席阿德尔森打了电话。

"按照一年前的约定,我要收购COMDEX,希望能够马上见面。"

两个人约定了碰面的时间。

孙正义与投资顾问商量了这一事情,对方皱起了

第四章 疾风怒涛般的并购史

眉头。

"阿德尔森主席绝非善类。经常会对当初说好的价格一涨再涨。有时甚至怀疑他是否真心想出售。所以与他谈判估计最少也要几个月时间。"

"是嘛,不过我一定是要收购的。"

孙正义也偷偷地准备了策略:

"对方是出了名的讨价还价高手,因此必须一招定胜负。"

孙正义对干部们说:

"最难说服的对象,其实是自己。"

提案者自身最清楚弱点在哪里。即使是介绍自己的产品,也肯定清楚对手产品的长处,比如价格便宜、性能更好等等。因此,必须做到不论从哪个角度来看,都可以自信地认为自己的东西是最好的,自己说的话是最正确的。只有到了自己能够完全接受自己的产品的时候,才没有任何可以害怕的地方,只要勇往直前就可以了。

孙正义对 COMDEX 的收购,进行了各种模拟试算。

"如果利息变动了怎么办?"

"如果汇率变动了怎么办?"

对于孙正义来说,这个世界上并没有什么神秘的事情,万事万物皆有其理。比如,如果只是简单地考虑"明年土地价格将是多少",就草率地买下土地,那一定会是泡沫。如果土地价格不上涨，那么最坏的结果，会陷入地租收入抵不上利息支出的境地。

因此不应该这样简单地思考，而是对周围的情况以及条件进行详细的分析，并且得出精确的数值结果。通过这样进行判断才不会失败。

比如说每一股的盈利分析。将收购情况下用蓝线表示，不收购情况下用红线表示。还要考虑，在收购时，如果是这种条件的话盈利可能会倍增；而那种时候是选择安全的策略还是主动出击；而主动出击的情况下，有可能又会有多少收益等等，这些都能够知道。

在谈判的当天，COMDEX会议室中有八位公司董事在等着孙正义。

以价格谈判为主，关于收购的各项必要的洽谈渐次进行。

孙正义瞅准时机，对阿德尔森主席说：

"我们进行一对一交谈吧。"

两人走出了会议室，开始了一对一的会谈。孙正义看着阿德尔森主席的眼睛说：

"关于价格，我不打算讨价还价。"

"我知道了。"

"你只需要说一遍价格，如果太高我们就立刻放弃，绝不进行任何周旋。如果是在可以接受的范围之内，我们

第四章 疾风怒涛般的并购史

也绝对不进行任何讨价还价,立刻拍板。不过,哪怕是比我预期的价格只高一点点,也绝对不继续谈判。可以吗?"

孙正义的视线一直紧盯着阿德尔森主席的眼睛。

"也许别人会出比我更高的价格。但是您召开了世界第一的展会,我非常尊重您的梦想和力量,而我希望能够继承这个梦想。COMDEX 是您最重要的事业吧?"

阿德尔森主席点头说:

"当然是这样。"

孙正义继续说:

"如同自己孩子一样的事业如果越来越陷入低迷,相信您心里也一定不好受吧。我也是创业者,所以非常理解这种心情。您也是在寻找继承梦想的人,希望您能够把这一点也考虑进去,最终给出一个综合的判断。您也是知道的,我最想得到的是 ZD 公司的出版部门,但是被福斯特曼·利特尔公司给抢了过去。但是我并没有因此放弃。如果在这里发生什么差池,我就会把资金和气力留下来再一次挑战收购 ZD 公司的出版部门。但是如果我们之间有缘的话,就能完成 COMDEX 的收购。因为之前我已经收购了 ZD 公司的会展部门,因此会更加强大。这就是目前的状况,我也是实话实说。"

终于到了一决胜负的时候了!

"好了，报出你期望的数字吧。同时，就像刚才说的那样，我会一次性给出答复。"孙正义说道。

阿德尔森主席也一直紧紧地盯着孙正义："这个人，他并不希望讨价还价，而是真正在做出收购的决定。"

孙正义也看着对方的眼睛，阿德尔森主席的眼中流露出了一丝温和的神态。

"好吧，8亿美元。"

孙正义之前的心理价位是：7.5亿美元到8.5亿美元。

孙正义默默地伸出了手，准备和阿德尔森主席握手。

阿德尔森主席紧紧地握住了他的手。谈判成功了。

回到了会议室，阿德尔森主席微笑地对公司的董事们说：

"COMDEX，卖给孙正义了。"

董事们表现出了惊讶的神态，但是却没有任何一个人提出异议。

在孙正义回去之后，他们对孙正义进行了详细的调查。得知孙正义自己经营了一家与电脑相关的杂志，软件流通行业也有涉足，事实上自己也在从事电脑的销售。能够与微软CEO比尔·盖茨、电脑厂商康柏总裁埃克哈德·普法伊费尔都能够亲切握手的人，必然知道电脑行业最前端的潮流。对于电脑行业的展会来说，出售给这样的

第四章 疾风怒涛般的并购史

人是最合适不过了。

孙正义给投行的投资顾问打了电话。投资顾问听到消息后惊讶得说不出话来，连忙确认道：

"那个阿德尔森主席，5分钟就拍板了？"

软件银行以8亿美元（800亿日元）对COMDEX进行收购。为了筹措资金，在1995年3月17日，以公募价格9 696日元的市价进行增资发行，募集了181亿日元的资金。孙正义表示，剩余部分将以100亿日元普通公司债和银行贷款为中心进行融资。

与此同时，许多银行也蜂拥而至，请求孙正义能够找他们融资。

孙正义最终决定通过日本的银行进行资金筹措。通过日本兴业银行、第一劝业银行、日本长期信用银行等，破天荒地筹得了总计530亿日元的无担保贷款。

事实上，在孙正义准备收购ZD公司的出版部门时，美国的银行就打算为其提供1 200亿日元的无担保融资。而且是在一星期之内就做出对当时总资产还不到500亿日元的软银的融资决定。这与日本的银行简直是天壤之别。

这也像是在当时奉行有担保主义的日本的银行集团里，打开了一道口子。

1995年4月，孙正义正式发布了收购INTERFACE集团的会展部门COMDEX的消息。

北尾吉孝的非凡手腕 >>>

在收购了 COMDEX 之后，软银的融资方法发生了彻底的变化。而推动这个变化的就是北尾吉孝。

1994 年 7 月 22 日，作为电脑软件流通公司而被大家熟知的软银决定在东京证券交易所场外上市。而日本最大的券商野村证券作为其保荐券商。

野村证券法人三部的部长北尾吉孝，也在那一天第一次见到了孙正义。而孙正义比北尾还小 6 岁。

孙正义开始热切地讲述他那令世人震惊的并购战略："软银最终还是希望能够全面掌控数字信息领域的基础建设。而对于此外的领域兴趣不大。而我所谓的基础设施，包括流通、网络、信息、服务以及展会等等。"

并且，今后将全力实现企业并购的诸多条件，尤其是企业的长期或短期业绩。

美国的商业人士这样评价北尾吉孝："Mr. Kitao（北尾先生）是日本人中的犹太人。"以此说明其惊人的谈判能力。而正是这个北尾，倾倒于这个刚过 35 岁的年轻经营者。孙正义说话时展现出来的气质，给人以和风拂面的感觉。

"能够如此明确表达自己意见的经营者，在日本绝对少见。这是一个可以登上世界舞台的非凡之才。"

第四章 疾风怒涛般的并购史

和北尾吉孝过去遇到的国际规模的欧美企业的CEO一样，孙正义拥有极强的领导力以及卓越的经营能力。比起那些要等到公司全体意见统一才开始行动的日本型领导者，在孙正义身上，欧美型领导者的气味更浓。

而且，从他身上感受到的不仅仅是作为一个经营者的能力，更吸引北尾的是，孙正义在说话时流露出的那种率直、真诚、温和。

孙正义也感觉到自己和北尾之间有一些相通的东西。

"如果是北尾要见我的话，无论什么时候，只要我在公司里一定会马上和你见面，请不要客气，尽管和我联系好了。"

北尾吉孝和孙正义首次业务合作，是在1995年。当时，孙正义正为收购INTERFACE集团的会展部门COMDEX进行谈判。

收购金额800亿日元中的一半以上（530亿日元）通过以日本兴业银行为中心的融资团进行筹措。但是，北尾认为比起从银行融资，其实有更合理的方法。

北尾吉孝向孙正义建言：

"向银行融资真的好吗？其实通过野村证券发行公司债券的话，立刻就能筹措到资金。不仅仅是500亿，连收购所需要的800亿日元全部都可以筹措到。"

孙正义微微一笑，说：

"北尾能够这样建议，真是非常感谢。但是这一次以日本兴业银行为首的各家银行为了筹措资金也是日夜奔走。如果要对他们说，因为北尾的野村证券会帮忙，所以就不需要你们了，这种话我实在开不了口。"

作为一个商业人士，北尾非常理解孙正义的心情。因此也没有再勉强。

"是这样啊，不过野村证券也打算负责进行资金筹措。所以你在和银行谈判的时候，也要把这一点记在心中。"

对于北尾来说，他希望孙正义的头脑里能够将野村证券作为王牌，如果在和银行融资团谈判时实在没办法谈妥条件的话，还可以断然拒绝。这是北尾对于孙正义在精神上进行的支持。

但是，孙正义还是几乎接受了银行的条件，并签署了协议。而这个事情在之后让孙正义苦不堪言……

1995年4月下旬，在当时位于中央区日本桥浜町的软银集团总部结束磋商之后，正准备回去的北尾被孙正义叫住了。

"北尾，能够谈一分钟吗？"

孙正义之前从没有这样把北尾一个人留下来的情况。

孙正义单刀直入地说：

"你来我们公司当CFO(首席财务官)吧。"

第四章　疾风怒涛般的并购史

北尾不知道该怎么回答才好。他的确对于野村证券已经开始放弃幻想，本来也打算在不久后离开，并且曾经认真地考虑过跳到美林证券。但没想到孙正义会邀请他加入。他动摇了。

"我明白了，请给我10天左右的时间。"

北尾吉孝搜集了野村综合研究所里有关软银的杂志和报纸，并且买了20多本过去从未涉猎的互联网和多媒体相关的书，并且全部读了一遍。他从此对软银所涉足的电脑行业的未来性以及对于软银的评价有了深层次的了解。同时，孙正义经常慷慨陈词所说的话的意味，也真正深入了他的心底。

"这个行业还有成长空间。"

在这样的行业里，有孙正义那样罕见的经营才能，软银必将会扩张。

"而且，如果是孙正义先生的话，一定能够实现野村证券已经破灭的、成为世界第一的梦想，能够给我一个将自己的生命燃烧成灰烬的舞台。"

这几乎已经是确信无疑。

在5月黄金周结束以后，北尾立刻拜访了孙正义。

"我跟家里人和老爷子说过了，也得到了他们的理解。所以从现在开始要承蒙关照了。"

北尾对跳槽到软银并未开出什么条件。

孙正义问北尾：

"你希望的薪酬是多少？"

北尾回答道：

"如果我是作为常务董事入职的话，就和过去入职的常务董事一样好了。"

事实上，他连别的常务董事拿多少收入也不知道。

不过他有一点比较挂心。

"前任的小林（稔忠）部长怎么办呢？如果我入职后，他就要从董事会除名的话，将来会让人觉得不是滋味。"

孙正义说道：

"放心。在场外上市时，小林帮了我非常大的忙。我一直认为他是恩人。但是今后我们所面临的时代，还是北尾担任财务总监更为合适。事实上小林自己也这么说，而且我已经委任他担任新的职务——人事总监。"

"这样我就能安心地入职了。"

北尾放心了。

北尾于1995年5月，作为顾问正式进入软银公司，同年6月担任负责财务的常务董事一职。

500%相信北尾 >>>

北尾在入职之后，将所有的财务资料都过目了一遍。心情变得有些沉重。

"如果是这样的话,下一个并购估计悬了。"

正如北尾担心的那样,软银被银行融资团束缚住了,因为在协议中有一个限制条款:

"在融资余额在一定数额以上期间,进行80亿日元以上的收购时,必须得到融资各银行的许可。"

只要融资团内的银行有一家不同意,就没有办法进行并购了。这也意味着,如果要进行并购,就必须先偿还融资团的530亿日元贷款。当时主要的融资方式是通过银行的间接融资,如果银行不予以融资的话,事实上等于收购事项就冻结了。

以电脑行业为代表的数字信息行业,正在分分秒秒地向世界扩张。软件银行如果希望走在最前端,就必须积极推进包括并购以及新业务开发等在内的扩张政策。

孙正义自己也正为银行的限制条款头痛不已。

"微软的比尔·盖茨和英特尔的安迪·格鲁夫正以时速100公里的速度突飞猛进,而软银却在以时速10公里的速度追赶。如果就这样无所作为地等七年,早就被世界潮流给抛弃了,那就意味着等死了。"

孙正义对北尾吉孝说:

"我已经有几个收购的目标公司了,但就是被限制条款给捆绑住了手脚而无法行动。"

北尾放言道:

"一定要他们撤销财务限制条款。虽说签约还不满半年就要废除协议,银行一定会很恼火,但是只有这么做了。我会努力废除财务限制条款。"

北尾首先和日本兴业银行的相关负责人进行了谈话,负责的科长的反应和北尾预想的一样。

"刚刚签约不久。现在当然不行。"

"如果要改变协议内容,应该怎么做呢?"

"那只有偿还债务。"

"好吧,那么我们就通过发行公司债来还钱。"

"随意。"

银行的负责人觉得,刚刚场外上市的软银根本不可能发行500亿日元的公司债。因为这样的事情过去一次都没有过。

北尾吉孝走进了软银集团的社长办公室。

"全额偿还吧。"

孙正义吓了一跳,看着他说:

"可是有500亿日元啊。"

北尾用力点了下头:

"没关系,只要发行公司债券,就能向资本市场募集资金。不仅能够偿还银行债务,甚至连收购社长梦寐以求的以ZD公司为首的各大企业的资金都能筹措到。"

"好,资金筹措就全权交给你了。"

第四章 疾风怒涛般的并购史

如果在狭小的日本国内战斗的话,那只要按照日本的惯例就好了。可是如果要在世界舞台一展身手,就必须摆脱融资团的束缚。

在决定发行公司债之后,北尾又来到了为首的日本兴业银行,对负责科长说,希望日本兴业银行能够成为公司债的管理银行。

负责科长拒绝了。

"我们无法满足你的愿望。"

北尾又强调了一遍:

"如果贵行不愿成为公司债的管理银行,那么我就委托别的银行了。"

"请便吧。"

北尾又拜访了几家主要的银行,希望他们成为公司债的管理银行,但基本上都被拒绝了。

唯一一家决定接受委托的是三菱银行(现在的三菱东京UFJ银行),但正在北尾喘了一口气时,几天后又得到了拒绝的回复。

北尾听到了风声。

作为受托发行界的首领,拥有压倒性力量的日本兴业银行在暗中出手,最终三菱银行拒绝了。

对于银行来说,希望将协调融资的体制继续下去。这样就能够持续获取公司债管理费,也就是所谓的躺着数钱了。

对于北尾而言，只有最后的手段了。

"彻底改变财务管理体制。"

之前，根据商法规定，企业发行债券时，必须有义务设定公司债管理公司。但是在1993年10月的商法修正案之后，在公司债发行面值1亿日元以上、购买人数50人以下的情况下，可以不用设定公司债管理公司，而只需要设立财务代理人。

但是作为主管部门的大藏省（现在的财务省）的态度却很微妙：证券局对此态度非常积极，但是银行局却是脚踏两只船。

北尾又回到了自己的老东家野村证券进行商谈，试探野村证券协助以财务代理人方式发行公司债的可能性。

而对野村证券而言，也打算积极行动起来。并且野村信托银行也已经基本确定，只要大藏省一同意，发行公司债成为可能，就将成为日本第一个财务代理人。

知道北尾要通过财务代理人的方式发行公司债后，以日本兴业银行为首的银行的负责人都慌了。

1995年8月，在海外出差的孙正义接到了银行负责人的电话。不仅如此，他们还在成田国际机场的到达大厅等候回国的孙正义。

"你们公司北尾要闯大祸了。"

孙正义根本不知道这些银行的负责人说的是什么。虽然他听北尾说要努力废除限制条款，但是对于具体的策略丝毫没有关注。

回到了位于日本桥浜町软银集团总部的孙正义，立刻走到了北尾的办公桌前。

"小北，这究竟怎么回事？那些银行接连不断地给我打电话。"

北尾将事情的经过说了一遍。

孙正义说道：

"我知道了。明天虽然是周六，但是我们就召开一次董事会，你对别的董事们也说明一下吧。"

在第二天召开的临时董事会上，北尾吉孝对财务代理人方式作了解释。但是能够完全理解北尾所讲内容的董事恐怕并不多，有人怀疑这样的方式是否真的可行。

但是最终董事会成员们接受了北尾的提案。甚至觉得，如果大藏省不认可以财务代理人方式发行公司债的话，就要对大藏省提起行政诉讼。

孙正义对会议进行了总结。

"对于我们来说，不论是日本兴业银行还是第一劝业银行都是有恩的。如果没有日本兴业银行，如果没有第一劝业银行，我们都不知道是不是能够走到今天。恩情是绝对不能忘的。但是，即使现在我们进入风口浪尖遭受误解，也绝对要将革命进行到底。绝对不能放慢速度。只能从今后长时间的交往中，来向世人证明我们现在的判断是正确的。"

在董事会结束后，正准备回家的北尾被孙正义叫住了。

"小北，我开车送你回去。"

北尾一开始是拒绝的，但是孙正义说："好了，上车吧。"边说边将他拉上了车。

北尾吉孝对着邻座的孙正义说：

"如果这一次并不能如我预期的那样筹措到资金，你就把我杀了，向日本兴业银行谢罪。然后对他们说：'一切都是北尾干的，我在美国什么都不知道。'这样的话就能恢复和他们的关系了。"

"小北。"

孙正义转过头看了一眼北尾，和蔼地笑着说：

"软银不会因为这样的事情而垮掉。比起日本兴业银行，我500%地相信你。"

说完后又把头转向了前方。

看着比自己小6岁的经营者的侧脸，看着那张平静地说着500亿日元算不上什么的人的侧脸，一种难以言表的感情涌上心头。

"6年前，也就是在他现在这个年龄，我能够这么轻松

地说出那些话吗?"

深不可测的魄力。北尾吉孝也有过多次和国外的经营者开展业务的经历,不论情况多危急,他也从未退缩过。要讲魄力,他对自己也是自信满满。

可是,听到了孙正义的话的瞬间,他明白了,自己的魄力也只是因为背后有野村证券那种大公司。而比起从零开始创业,不知道什么时候就会崩溃,一直独自走在黑暗道路上的这个人,自己的魄力简直不值一提。同时他也感受到了和这样一个大人物一同共事的喜悦。这种感觉,即使从把自己一手培养起来的野村证券社长田渊义久身上都不曾有过。

"都说到这个份上了,只有拼死努力了……"

日本兴业银行等银行反复地游说,希望大藏省不要认可软银通过财务代理人方式发行公司债。而希望推进财务代理人方式的野村证券,则质问大藏省为什么商法规定的内容却要叫停。

大藏省传唤了野村证券和日本兴业银行,表示:

"这一次就默认了。"

就此,软件银行于当年9月,以当时非常具有吸引力的3.9%的利率发行了500亿日元的无担保普通公司债(12年期)。而在这之后,公司债发行基本上都采用了财务代理人方式。不仅发行成本降低了,而且公司债市场也迅速扩大。

孙正义对于身为金融专家的北尾如此评价：

"小北好像就是为了我们公司，而在野村证券修行的。"

北尾吉孝曾经在海外留学，掌握了金融专业知识和外语，而关于并购，曾经在并购大师沃瑟斯坦开设的投行沃瑟斯坦·佩雷拉公司（Wasserstein Perella）第一线有过实地学习的经历。之后又在野村证券继续接受训练。看起来果然如同孙正义所说的，这一切都是为了能在软银集团担当重任所进行的修行。

北尾进公司的时候，孙正义在金融方面完全是外行，但其理解能力之高是令北尾咋舌的。而现今孙正义已经成为金融方面的专家。他的集中力也是非比寻常，正所谓是天才中的天才。在孙正义集中精神阅读资料时，即使秘书在身边对他说话，他也根本不听。

北尾在软银也得到了非常好的锻炼，对自己过去丝毫不懂的互联网世界有了充分的理解。他明白了一直以来作为自己专业的金融，才是和互联网最具相互亲和性的事业。

如果依然遵照530亿日元的限制条款的话，那也就没有之后的突飞猛进了。对于孙正义也好，软银也好，都是一次重要的决断。

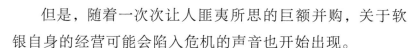

但是,随着一次次让人匪夷所思的巨额并购,关于软银自身的经营可能会陷入危机的声音也开始出现。

"就是那个家伙吹起了泡沫。"

"那家伙是不是疯了?"

但孙正义关于经营的要点却是这么考虑的:

"拥有科学技术的人很多。拥有科学技术却不能承担风险的人也很多。能够进行孤注一掷的赌博,但同时又能将风险控制在恰当范围内,这正是经营的要点。"

北尾吉孝就这样通过新股发行、公司债以及可转换公司债等三种方式,从资本市场源源不断地筹集资金。

并购谈判——决断的舞台 >>>

在收购了 COMDEX 之后,孙正义决定继续扩大事业。一次,他为了收购某一家公司而来到了美国。但是对方提出的收购价格实在是无法接受。

孙正义表示:

"相对于利润的倍率实在太高了。这样的话没办法收购。我只能去收购别的公司了。"

"是嘛。"

对方以为他这样只是为了讨价还价,但孙正义却是认真的。从这家公司出来,坐上飞机的时候,他立刻拨通了收购 ZD 出版部门的福斯特曼·利特尔的主席泰迪的电话：

"希望马上能够见您。"

接到电话的泰迪主席很不高兴地说："怎么又是你？"

但在孙正义的坚持下，最终还是答应见面了。在见到了泰迪主席之后，孙正义立刻切入正题：

"我非常理解您对于 ZD 出版部门的看重。之前的收购中，您表现出来的专业水准也着实了不起。那是我第一次参与大型收购。我对于您的本领非常佩服。"

泰迪主席胳膊肘抵着沙发的扶手，看着孙正义，脸上露出的表情仿佛他对孙正义接下去准备说的东西并不感兴趣。

孙正义就像当年说服 COMDEX 的阿德尔森主席一样，视线一刻都不离开泰迪主席的眼睛。

"而且您也经营得非常好。但是，您总是要卖的吧。这是作为投资公司理所当然的宿命。而对于我来说，对于买进卖出能够赚多少钱并不感兴趣，对于自己的人生来说，这个领域无论如何都无法避开。同时对于齐夫主席所创设的伟大的出版社拥有心意相通的感受。但是如果您在经营 5 年或者 6 年之后，以别的形式加以改造以后，可能我对它就没有什么兴趣了。因此还是希望以它原有的样子，能够趁早从您手上接过来，这也算是用金钱买得了时间。同时，为了表示对您的尊敬，我可以增加一点溢价，以高价进行收购。"

泰迪主席只是默默地听着孙正义的话。

孙正义继续说：

"我对于 ZD 出版部门的爱是不输给任何人的。尤其是，并不认为会输给您。这对于 ZD 出版部门的员工，对于整个 ZD 公司都是很重要的。如果您不想卖的原因只是因为钱的话，我们可以谈条件。"

泰迪主席终于开口了：

"虽然你这么说，但我也是刚刚收购下来，还需要进行试算。如果你现在就要买下来，除非你出的价格非常之高。"

"我明白了。虽然我不能保证会出到你五六年之后出售时候的全部价格，但是可以将其中的一部分比例作为加成支付给您。这对于只买下不到半年的情况来说，不算是个很坏的条件吧。"

"我知道了，那明天晚上继续谈吧。"

在孙正义站起身之前，泰迪主席从沙发上站了起来。

孙正义感受到了对方的回应，心想：

"终于，说动泰迪主席了。"

进入了最终的谈判阶段。第二天晚上，孙正义来到了位于纽约的泰迪主席家中。泰迪主席一直单身，而且是个有名的花花公子，在美国有好几处住宅。其中有一处在一幢公寓的最高层，放眼去，摩天大楼林立。

在没有开灯、略微显得有些昏暗的房间里，孙正义和泰迪主席面对面坐着。孙正义说道：

"总之，你报一个金额。我会以最大限度接受。但是，如果要支付现金的话负担太重。而且虽然出版部门曾经业绩出众，但目前在您这里还没有产生利润，软银也很难给予太高的评价。因此，我用一部分软银的股份作为支付方式。另外，对于刚刚成立、还没有产生利润的新部门，用我个人的控股公司 MAC 进行支付。如果可以的话，那就请说金额。"

"明白。"

孙正义继续说：

"但是，是一次性回答。"

"明白。"

泰迪主席眼中闪着光说：

"21 亿美元。"

孙正义微微一笑：

"OK！"

两个人紧紧地握手。

泰迪主席所提出的金额并没有高得离谱，甚至可以说在孙正义的预料之中。福斯特曼·利特尔怎么说也是投资公司，而投资公司在投资的时候，通过投资组合方式向各个投资家募集资金,获得利益以后再依次进行返还。当时,孙正义已经将对投资家的返还率以及五六年后的利润都计算出来了。

美国的并购,一般价格都在利润的 8—12 倍浮动,而 21 亿美元这个价格,是在这个浮动的范围内。

孙正义与世界第一的投行摩根士丹利、世界第一的会计师事务所普华永道一同联手,也是很大的原因。福斯特曼·利特尔公司曾经因为别的案子请摩根士丹利做过投资顾问,因此互相也是知根知底。

如果泰迪主席报了一个过高的数字的话,那么摩根士丹利马上就会知道。所以,他看到孙正义的阵容肯定也想:

"这是在和并购的专家进行较量。"

因此决不能提出一个不靠谱的数字。用剑道来打个比方,双方只要正眼对视之后,立马就能知道对方的实力。这也是如出一辙。

孙正义在 1995 年 1 月 19 日宣布收购 ZD 公司的出版部门。

在 8 年前左右听比尔·盖茨提到过之后,就一直萦绕在孙正义脑海之中挥之不去的 ZD 公司出版部门——Ziff-Davis Publishing,终于收至帐下了。

孙正义在之后曾说:

"首次并购就遇到泰迪·福斯特曼这样的对手，真是巨大的财富。而且之后他又给我介绍了各种各样的人，我们之间的关系也变得非常融洽。这才算得上是一场很好的较量。"

孙正义是这样想的：

"一提起并购，在日本就是巧取豪夺、尔虞我诈这样的阴暗形象。但是在美国绝非如此。"

在并购时需要讨价还价，作为买方一定会尽可能地压低价格。

但是孙正义对此却丝毫不小气。如果经营者也是一个创业者，从零开始开创事业的话，那么一定和孙正义一样经历过无数艰辛和泪水，战胜了种种考验才最终获得第一的位置。

这当中，必然存在用道理讲不清的东西，唯有创业者才会懂。

只要是活着就一定会受伤，但这不就是战胜种种考验、烦恼、纷争而留下的足迹吗？从一个企业所有者的视角，孙正义非常理解其中的价值。

有时也许不得不将价格卖高一些。有时不得不很不情愿地接受别人的钱。但毕竟违背了自己的人生观，因此事后必然感觉很不好。

孙正义总是尽可能向对手表示出感谢，怀着尊敬之心完成收购。而且，在收购之后还能从对方那里学到很多东西。他非常珍惜这种心情。正因为有这样的想法，所以他不进行任何讨价还价，每一次都是一次性拍板。敌意收购是违背孙正义的审美观的。

发现雅虎 >>>

孙正义第一次来到了收购之后的拉斯维加斯COMDEX会场。展会在拉斯维加斯会议展览中心等8个会场同时召开，从1995年11月13日开始，为期5天。

第一天的上午9点，在阿拉丁宾馆的剧场大厅举行了宣布开幕的主旨演讲。

对于孙正义来说，是在收购了COMDEX之后第一次登上这么大的舞台。作为主办方代表，他对着3 000名听众用英语致辞，连讲稿都没有拿。

"COMDEX作为每年都会产生信息技术新创意的基地，今年在我们COMDEX的会场上也不会例外。历史中不存在所谓'永远'的东西。我们迎来了一个瞬息万变的年代，因此，为了给各位消费者别开生面，COMDEX也将不断推陈出新。在COMDEX中不仅仅展示了各种技术，而且还集聚了大量的人气，位于信息技术的中心之地。这正是和信息公司相遇之处。"

在结束了10分钟的致辞后，孙正义开始介绍即将进行主旨演讲的 IBM 主席兼 CEO 路易斯·郭士纳。因为要介绍非常重要的人物，孙正义的表情也变得不同寻常。他提高了说话的声音：

"请允许我介绍做主旨演讲的嘉宾。1993 年 4 月，他就任 IBM 主席兼 CEO 时，接到了要求重返业界老大地位的艰巨任务。但是他只用区区两年半的时间就完成了这个任务。"

郭士纳主席的主旨演讲开始了。

在主旨演讲结束后，孙正义站上讲台与郭士纳主席握手。

而电脑业界的相关人士纷纷上前与孙正义这个 COMDEX 的新领袖握手。这是孙正义在世界电脑行业构筑起自己一席之地的历史瞬间。

其实，在 COMDEX 开幕前一天，他与比尔·盖茨在会场附近的高尔夫球场还一起打了高尔夫球。当时也关于互联网交换了意见。

孙正义在 COMDEX 展会期间，对 ZD 公司的总经理埃里克说：

"从今以后毫无疑问将会掀起互联网革命。而软银准备与一百家左右会在这次革命中大展宏图的企业进行资本合作。而其中首先选定的企业会是哪一家呢？

"ZD 公司必然有大量关于互联网的报道，但我却没有时间去一篇篇读了。我想从中首先选定一家企业，这也是

当初收购 ZD 公司的目的之一。"

埃里克回答说：

"如果这么说的话，那应该就是雅虎了吧。"

埃里克眼里泛着光，解释道：

"这是一家有趣的公司。从事的是互联网检索的业务。这对于互联网来说是必不可少的。ZD 公司其实也想和他们有业务合作，但我想不仅仅是我们，而是软银总部也加入进来比较好。"

美国的互联网相关业务的规模，在 1994 年为 8 亿美元，而到了 1997 年预计将达到 42 亿美元。人们更是预测到了 21 世纪将有 3 亿人利用互联网。而到了 2011 年，雅虎日本已经成为每天平均连线人数达到 18 亿的超大搜索引擎。

孙正义听了觉得非常有兴趣，因为在他就读于加利福尼亚大学伯克利分校的时候，虽然还没有互联网这个具体形式，但已经接触过类似的东西了。整个校园内所有电脑都用网络连接，老师和学生之间也用电子邮件往来。数据全部通过主机进行管理，而老师和学长们过去制作的软件也储存在里面，操作电脑的人谁都可以随意下载。

孙正义对于这样的环境，有了更加广阔的想法：

"如果开发出针对个人的价格低廉、使用简便的电脑，而用电话线连接的网络不局限于校园，而是在全世界展开,又将是怎样的一番景象?"

通过网络而连接的人们,可以获取无限多的知识,可以自由地看到新的内容。

"我们将迎来一个无与伦比的时代。"

内心一种感动袭来,不由得让孙正义浑身颤抖。

孙正义在收购全世界最大的电脑相关的出版商 ZD 时,最为犹豫的并不是它的盈利性。他已经将全部精力投入在能够连接全世界的互联网中了。而随着对于互联网越来越深的投入,他感觉到过去这种收费纸质杂志的存在基础似乎已经崩溃,ZD 的价值恐怕也将减少。

但是他立刻改变了想法:

"随着互联网相关的信息技术、多媒体技术的扩展,纸质媒体所拥有的人才、编辑能力以及营运能力一定能够得到充分利用。如果能够抓住这些无法计量的巨大价值的话,那么 2 000 亿、3 000 亿日元的投资真的是很划算。"

而且,通过对纸质媒体的出资,还发现了雅虎这样意想不到的大角色,可谓是巨大的成功。

孙正义没有系领带,也没有穿西装,以一身随意的装扮,带着埃里克和部下井上博雅(后来的雅虎株式会社社长)出门了。当然,如果要和银行的负责人或者政府官员见面时,也会穿上相适合的服装。但是在硅谷和电脑行业的人见面,穿着西装实在是不合适。

来到位于加利福尼亚州硅谷的雅虎所在地时，已经是晚上了。

雅虎的创始人——中国台湾地区出身的杨致远和白人大卫·费罗似乎已经知道了将 COMDEX 和 ZD 收入旗下的孙正义，因此穿着与自身气质不符的西装出来迎接。

当时，两个人都是 27 岁，比孙正义小 11 岁。半年之前还是斯坦福大学的研究生。两个人在大学时代就制作了能够发挥电话本作用的互联网主页，并且得到了教授的关注，最终成为了他们自己的事业。

雅虎只有五六个员工，因为刚刚成立，所以还没有创造利润。但是办公室中充满着朝气，这让孙正义想起了自己刚创业时的样子。

"我在刚刚创业的时候，也只有两个兼职的员工。"

杨致远带有一点紧张的神情说：

"我预订了法国餐厅，我们去那里谈吧。"

孙正义看着他们，微微笑着说：

"不用了，不用去那种地方。我们吃比萨饼就好了，去饭店吃饭太浪费时间了。你就叫两三个外卖比萨饼送到办公室，要大一点的。然后再加上几瓶经典可乐就可以了。我们边吃边聊吧。"

孙正义并不拘泥于场所，反而更加喜欢能够轻松聊天的环境。在日本，到了午饭时间也经常和员工一样，靠从便利店买来的盒饭解决。

孙正义在会议室的椅子上坐下之后,盘起了双腿。杨致远和大卫·费罗相视一笑。也许是对于像个大学生一样毫不修饰的孙正义产生了好感,这两个人也摘了领带,在会议室的椅子上坐了下来。

孙正义面对两个依然乳臭未干的年轻人,一连串地发问:

"你们对于互联网怎么看?互联网和过去的媒体有什么不同?"

"雅虎想做什么?你们的竞争对手是谁?你们之间又有什么不同?"

"5年后、10年后的愿景是什么样子?"

几乎所有的问题都是杨致远在回答,他并不是那么的口若悬河,甚至还有点结结巴巴,但回答却都在点子上。孙正义每次听着对方的回答都会说:

"原来如此,真是这样。"

"这个会有大发展。"这样想着,孙正义说:

"我在你们这里出资5%。"

他接着说:

"然后在日本开合资公司。软银也不是单看眼前,而是会发挥领导作用,积极地开展业务。你们肯定已经为了美国的业务忙得不可开交,无暇顾及日本吧。但是如果现在错过日本市场那就晚了。所以你们和软银联手，然后主要由我们来进行业务操作，怎么样？"

"嗯，这个还不错。"

"而且，日本法人的资金由我们这里准备。出资比例六四开。你们出资的四成比例也由我们这里暂借，所以请放心，你们不用准备现金。而开发、移植等也不需要你们这里派遣员工，而是由软银派遣员工到美国来学习，今后的开发工作由我们这里完成。你们不需要出任何资金和员工。

"你们要出的只是思想和思考的过程。你们将这些告诉我们，我保证一年内可以实现盈利。目前先向母体公司出资5%，然后关于成立合资公司的事情，接下去再谈吧！"

当机立断出资 100 亿日元 >>>

孙正义于1996年2月初，参加了在加利福尼亚的圆石滩举办的"圆石滩AT&T职业-业余配对赛"这一高尔夫大赛。圆石滩离硅谷只有一个半小时车程。

在比赛期间，孙正义把杨致远、大卫·费罗以及其他雅虎相关人员叫到了他下榻的宾馆。

除了雅虎两个年轻的创业者，同行的还有在雅虎创设时投资了200万美金的迈克·莫里茨、硅谷著名的投资家唐·瓦伦丁，以及作为雅虎专业经营者被聘担任 CEO 的蒂姆·库格尔以及市场营销负责人，一共 6 个人。

包括孙正义在内的 7 个人，半夜里一边吃着客房服务送来的比萨饼和意大利面条，一边坐在地板上交谈。

孙正义说：

"我希望对于雅虎的出资率从 5% 提升到 35%，作为大股东真正地进行支持。不仅仅是雅虎日本，在美国的业务也希望能有发展，将雅虎培养成为互联网界的大明星。"

但是雅虎的出资人有一些为难：

"虽然您这么说，可是离正式上市还有两周时间，恐怕现在已经来不及了。"

"不，没有这回事，有例外的处理方式。"

孙正义将他事先调查过的方法说了出来：

"以公开竞标价格向市场公开发行一部分股票，并且指定软银作为第三方增资方，向其出售 35% 的股票，价格与竞标价格相同。相应地，双方必须采取业务合作的方式，如果是业务合作的话，就没有什么不可以的。"

要买入公开发行股份的 35% 需要约 100 亿日元。关于这件事，软银的董事们已经和孙正义说过。

"对于一家设立不到一年，营业额只有 2 亿日元的雅虎公司，要花 100 亿日元购买它 35% 的股票，也就意味着承认雅虎的企业市值达到两百几十亿日元，这是不是有点

估价过高了？"

但是，孙正义还是抱有坚定的信心：

"不，我认为绝对可行。没错，公司职员只有15人，销售额也只有2亿日元，账目上还有1亿日元的亏损。但是业绩、规模等这些讨论再多也没有意义。希望你们能够相信我的直觉，给我100亿日元，让我赌一把。如果24小时没有回复，就这样出资了。"

孙正义被雅虎方面的6个人围住，问了各种各样的问题，而他也一个一个仔细地回答。

其中，硅谷著名的投资家唐·瓦伦丁不是个简单人物。当初在思科创业不多久就对其进行投资，获得了巨大的投资收益，是一个真正的强者。他和孙正义一样都是思科的董事会成员。

他向孙正义提出了尖锐的问题：

"你说得好听，但实际上是不是会去好好做呢？我们可不会那么便宜就卖。"

孙正义说：

"这样的事情，只有互相之间心意相通才行，如果是强人所难最终一定无法长久。但是希望你能理解我的热情。雅虎在互联网的领域里一定能够扩张业务。但是竞争对手也一定会接连不断地追赶上来。因此必须疾步前行才行。比起你们自己单枪匹马地做，如果得到了软银的支持，就能永远领先你们的竞争对手，哪怕只有两三步。这样不是更加安全吗？

"而且，我们不仅仅只有资金，既然要做，我们会利用ZD、COMDEX、PHEONIX Technologies等等，举我们集团的全力予以支持。而目前还在计划中的雅虎日本也一定会做成日本第一。"

孙正义对于杨致远他们说：

"你们作为创业者，想必已下定决心：只要给你们机会，就一定会实现自己的梦想，一定会向世人证明自己。我也有这样的心情。如果你们能够将软银作为合作伙伴，我也绝对会证明给你们看。你们也希望有机会，我也希望有机会。希望给我们一次机会，如果不行的话，到时候什么都可以谈。

"而且，我也不是白白地说，把机会给我。对于出资额，我不做任何讨价还价，就按照市场价格就好了。我只希望你们把我们当作一起把事业做大的合作伙伴。这一点希望不要误解。贱买贵卖并非我的本意。我和你们承担同样的风险。你们将自己的人生置于风险之中，我就用100亿日元承担风险。希望你们也能够理解我们的热情。"

对方表示：

"你说的我们已经了解了，但是我们不能让你握有这个比例。"

杨致远他们担心的是，如果软银持有35％股份的话，自己就要变成子公司了。有人担心如果这样的话，自身的自由度就要下降了。

"我们讨厌受到别人的指使，我们希望自己作为一家风险企业做出自己的努力。现在这种情况究竟怎么说呢？虽然软银说自己是中立的，但是在这个行业里，也有和软银所经营的出版公司ZD相互竞争的公司啊。从媒体领域来说，不能算是中立吧。"

"日本和美国有关商业的想法是不同的。如果要把日本式的经营方式强加于我们，那么在美国也许开展业务就会有困难。你们究竟是不是会将日本式的经营方式强加于我们呢？"

甚至有人这么说：

"我们都已经准备公开发行了，可现在却这样改变，究竟为什么？如果想要我们公司的股份，等公开发行之后再买不就好了？"

如果准备拒绝的话，总能找出各种各样的理由。

说服工作进行了四五个小时。

几乎每个人都陷入了兴奋的状态，而孙正义虽然内心也抱着巨大的热情，但还是冷静地进行着说明。

杨致远等人回去之后，孙正义给董事会成员用邮件发了他们商谈的内容。

"我十分希望能够注资雅虎,但是如果你们有反对意见的话可以提。"

同时,他还给比尔·盖茨、开发了互联网搜索软件"导航者"的网景公司的吉姆·克拉克、开发了万维网系统的电脑厂商 Sun Microsystems 的麦克尼利、世界最大半导体厂商英特尔的安迪·格罗夫,以及大型数据库企业甲骨文的拉里·埃里森等电脑行业最为核心的五六个人也发送了邮件。

"我准备注资雅虎,是不是会与你们的业务产生竞争?如果是的话,我也必须好好考虑才是,因此希望能坦诚相告。如果不产生竞争,我就会投资。"

毕竟是 100 亿日元的投资。如果事后调查发现其他公司也在做这个准备的话就麻烦了,会有输给竞争对手的危险,还必须考虑和别的交易之间的平衡关系。

比尔·盖茨很快就回信了:

"OK,挺好的嘛。"

孙正义第二天又让杨致远等人来到他的住处。

"就按照昨天谈的条件进行吧。"

离公开发行只有一星期了,必须将所需要的资料全部重新印刷,并全力以赴准备公开竞标。

投资的 100 亿日元在公开发行后一晚就增值了 3 倍。保有资产价值一下子膨胀至 200 亿日元。

第四章 疾风怒涛般的并购史

孙正义在决定对雅虎出资之后回想：

"如果没有能够对 ZD 公司出资的话，即使能够发现雅虎，估计也说服不了他们吧。"

雅虎并不需要资金，软银所投资的 100 亿日元一分都没动。

而雅虎最后决定接受软银的注资，是因为软银可以通过 ZD 公司对雅虎进行支持。比如通过 ZD 公司出版雅虎的专门杂志，通过 ZD 公司的电视台与雅虎互动开展各种活动等等，同时还可以通过 COMDEX 进行展示。而这一切，都成为最终说服雅虎的关键。

而那些对雅虎无法提供综合性支持的日本商社、日本厂商，即使想对雅虎出资也被断然拒绝。

如果有人前往藏宝山，可以向神明请求赐予自己一样东西，会想要什么呢？食物？枪？药品？还是恋人？如果是孙正义的话，一定是地图和指南针吧。因为不论孙正义如何有先见之明，拥有能够抓住互联网时代本质的战略，但是如果没有具体的战术也毫无意义。

对于孙正义来说，ZD 公司就是在雅虎这座巨大的藏宝山挖宝时的地图和指南针。

两个月成立日本雅虎 >>>

孙正义的弟弟、当时东京大学经济学院的学生孙泰藏

（现为 GungHo 在线娱乐公司主席），到哥哥家去玩的时候，被哥哥问道：

"你知道互联网吗？"

"那个很厉害哦。"

"是啊，互联网是今后的战场。如果说它好在哪里，那就是不论大企业还是一般人，都站在同一条起跑线上。先下手的人就会成功。不得了的宝藏沉睡在那里。"

"是啊。"

"话说，你知道雅虎吗？"

孙正义和弟弟说话的时候，不知不觉间讲起了佐贺方言。

"名字还是知道的。"

"雅虎是由斯坦福大学的研究生创立的哦。"

"真的吗？！"

"是由两个人因为兴趣而创立的公司。而在这期间，互联网的优越性就通过人际传播越来越被人们知道。而且现在想能够做得更大所以和我们开始合作了。现在每天就有 10 万人浏览。"

"那倒蛮有意思。"

"这个将来还有成长空间，我也打算在日本开合资企业。"

被雅虎深深吸引的孙泰藏问哥哥：

"那你打算怎么做呢?"

"这个还没想好,现在只决定是以合资形式。"

"那么,既然是研究生开设的企业,那么一定拥有研究生所特有的具有创造性的、柔性的思想,但我认为同时可以开展符合日本风土的服务。目前大学生正好是春假,不仅仅是东京大学,还有庆应大学和一桥大学,这些大学有许多拥有互联网头脑的人。如果哥哥能够说出你的经营理念,就能够廉价雇到很多这样的人。"

孙正义眼中闪出了光芒:

"这个有意思。能够招募到1 000人左右吗?"

"1 000人左右的话,可以招募到的。"

"真的可以召集到那么多吗?"

孙正义继续说:

"这样的话,我们就召开一个启动大会,你也出席。"

几天后的星期六,孙泰藏来到了位于日本桥浜町的软银集团总部,参加筹备创立日本雅虎的第一次会议。他的伙伴们在软银总部前,不安地问:

"喂,我们这个打扮真的没关系吗?"

孙泰藏和他的伙伴跟平时一样穿着牛仔裤。他笑着说:

"是去我哥哥的地方,没关系。"

走进了软银总部,在等候室里,孙泰藏看到了有一个穿着皱巴巴的衬衫，比自己稍微年长的年轻人直直地站在那里。

"这个是雅虎的员工吧。"

孙泰藏并没有太在意。会议室的长桌边上，坐着软银集团的董事和雅虎的CEO等大人物。

孙泰藏对于雅虎的创业者究竟是谁特别感兴趣，他看到桌子的最远端坐着哥哥孙正义和雅虎的创业者。

"原来就是他啊……"

孙正义旁边坐着的正是在等候室看到的那个穿着皱巴巴衬衫的年轻人。

会议从一开始就充满着热烈的气氛。

"这里可以这么干。"

"那么，两个月可以完成。"

"如果要做的话，需要大约500人。"

全都是以亿为单位的资金项目。讨论中，大家一边开着玩笑，一边认真地逐一敲定讨论事项。

孙泰藏当时还在东京大学经济学院就读，他在课上听到日本企业采取的是金字塔构造，做一个决议需要盖20个图章，制定一个计划或项目需要两个星期到一个月时间。但是孙正义召集的软银及雅虎的经营团队却在会议现场对一个个的提案进行拍板。

第一次看到孙正义在正式的商务场合发言，重新领略了自己哥哥的伟大。

和自己年龄差不多的雅虎创业者杨致远也是这个团队的成员。除了在美国之外，雅虎的业务还将在日本、英国、澳大利亚等世界各地开展。

在企业经营和人生经验方面更加丰富的孙正义提出异议的时候，杨致远也是非常认真地听取意见。

孙泰藏感受到了让自己浑身发抖的巨大的震撼。

"真是一个厉害的人……"

孙正义说明了由孙泰藏进行大学生募集并组成团队进行支援的情况。杨致远微笑着说：

"是嘛，那太好了。"

孙泰藏开始具体阐述自己的计划。

他向软银的董事会成员以及负责人展示了如何把握成本和品质的平衡的方法。

软银的董事们对这个年轻人深感钦佩：

"这个很好，那就交给你们了。"

对于孙泰藏的计划方案，大家几乎没有什么修正，全权委托给了他。

孙泰藏表示日本雅虎在 4 月份必须成立，作为总部的美国雅虎用了两年的时间发展至今所形成的内容，现在必须在两个月内构建起来。对于组织起来的 1 000 人也必须开足马力地使用。他自己在考东京大学之时制定了能充分提升自己学习能力的计划,这个经验派上了用场。

这时候,他想起了哥哥对他说的话:

"制定计划时不能做加法,而必须做减法。"

不是把所有要做的事情堆积起来,而是将所有要做的事情除以总的天数,就知道每天需要多少人数,并且也就知道应该怎么做才能实现目标了。

包括运营雅虎需要多少数据量等等,在成立筹备期间的两个月需要做多少准备都要仔细考虑。再将这些所有的工作除以60进行分割。孙泰藏想:

"美国雅虎两年所构建的形态,现在必须两个月内完成。除非24小时不间断地工作,否则无论如何来不及。"

孙泰藏将一天24小时以6个小时为一个区块分成4个区块,然后每个区块安排10个人。让应聘兼职打工的学生根据自己的喜好选择工作时间;同时,一天之内只能选择其中的一个区块,不允许工作两个以上时间段。

于是,为运营而做的准备都完成了。接下去就等着美国雅虎的开发软件和信息软件的到来了。

但是,24小时工作态势开始后的一个星期,美国雅虎也没有将软件送过来。因为美国的员工在美国母公司的运营上已经忙得不可开交了。就这样,一个月过去了。

无可奈何之下,孙泰藏和他的伙伴们开始自己制作开发软件。独自成立雅虎日本的兴奋让他们忘记了疲劳。最终用了一个月的时间开发出了日本版的雅虎。雅虎日本最终还是在当初预定的 1996 年 4 月开张了。

朝日电视台股权风波 >>>

1996 年 6 月 20 日，孙正义与被称作"媒体王"的新闻集团总裁鲁伯特·默多克共同投资 417 亿 5 000 万日元，从旺文社媒体集团手中收购了朝日电视台 21.4％的股份，并从此进入卫星数字电视的领域。

与默多克一同成立的卫星数字电视台"J SKY B"，拥有 100 个以上的频道，需要海量的内容。收购朝日电视台股份的目的也是为了获得朝日电视台的协助。当然，这绝不是将自己的理念强加于人。作为在卫星数字电视上形成的合作，他们确信对朝日电视台一定会起到正面的作用。

但是，日本现有的电视台却将孙正义和默多克比作幕末时代逼迫日本打开国门的美国，并称其为"黑船来袭！"引起了巨大的骚动。很多人也非常担心地表示，朝日电视台彻底被孙正义和默多克横加夺取了。朝日电视台方面也对孙正义等人感到十分棘手。

如果不能理解对方的心意，那并购也就无法顺利进行。

因此孙正义果断地选择退出，他对默多克说：

"即使取得了朝日电视台的股份也没有太大的作用。

因为我们得不到预想的那么多数量的内容。"

1997年3月，朝日电视台的股份全部出售给了其母公司朝日新闻社。还是417亿5 000万日元，这和当初从旺文社媒体集团购买时的价格是一样的。事实上，如果进行价格谈判的话，可以获得少则20亿日元，多则50亿日元的收益。但是即使得到50亿日元的现金，也已经和当初所追求的利益完全无关了，反而可能会让孙正义等人陷入备受非难的风暴中心。

"果然只是为了眼前的利益。只是为了转手股票而已。"

"投资朝日电视台只是玩金钱游戏而已。"

孙正义决不能忍受那些毫不知情的人对自己进行的无中生有的非难。出于这种考虑，他丝毫没有进行价格的谈判。也正因为如此，曾经一度闹得沸沸扬扬的朝日电视台股份收购事件，很快就平息了。

1998年5月，软银和默多克率领的新闻集团、富士电视台、索尼等共同设立的卫星电视台"J SKY B"，与卫星数字电视台 PERFECT TV 进行了对等合并。合并比例为一比一，而且 PERFECT TV 作为最终存续下来的公司。事实上，双方能够达成合并意愿，是因为双方都对于新加入者的扩张表示出不安，并都想防止因为过度竞争而两败俱伤的局面出现。

第四章 疾风怒涛般的并购史

"J SKY B"选择了在开始运营前合并,也就是所谓的"不战而败",是因为感受到了深深的危机感。孙正义认为:

"最重要的是在 CS 行业中存活下来。如果竞争失败的话,不论出资比例多高,也只是徒增亏损数字而已。"

与孙正义预想的一样,2002 年 3 月,软银集团将自身从 PERFECT TV 所获得的、由 SKY PERFECT COMUNICATIONS 持有的 11.3 万股全部出售给了日本电视放送网,顺利撤退。

关于电视台、报社等传统媒体,孙正义一般不会主动去寻求合作。而通过 1996 年与"媒体王"默多克一起参与的朝日电视台股份收购事件,他对于大众传媒有了更进一步的了解。对于孙正义来说,本来期望以一种友好的态势,寻求双赢合作,因此才参与了股份收购,但是他的心意并没有被以朝日电视台为首的大众传媒界接受。

电视台、报社等拥有悠久的历史,同时它们作为传统媒体所拥有的骄傲感也是根深蒂固,因此要进行变革很难。而孙正义最终也了解了这一点。因此,为了不导致敌意收购的关系,孙正义决定放手。

反之,对于那些互联网企业而言,因为在开始的时候就同样和互联网有关,因此可以说和软银是同根同源。业务能比较快地推进,同时又能高效地达成双赢的合作。

但是孙正义至今也没有打算向传统媒体彻底关上大门。他一直在想，不论何时何地，只要能够构建对双方都有利的关系，就一定会再度开启合作。数字信息社会的到来是历史的潮流。孙正义一直都认为，应该趁着这样的潮流，凭借自己的意志，积极地播下种子。

软银的上市 >>>

在雅虎开始场外交易之后，比尔·盖茨曾经对孙正义说：

"没想到雅虎的价值居然这么高，看来阿正你投资了好东西。"

1997年12月25日，将近年底，软银一年前提交的东证一部上市申请终于通过了。孙正义的心情无比欢愉：

"那些说软银过去的经营不透明，一定不可能在一部上市的人，这下他们一定有得瞧了。"

事实上，孙正义原本对于在东证一部上市并没有那么在意。只是在1997年，外界产生了对软银经营的不信任，原因是孙正义个人资产管理公司MAC的存在。

在软银创业之初，他个人的控股公司MAC就在一旁进行支持，同时在收购ZD公司的会展部门和出版部门时，收购金额的一部分也是由MAC承担的。对于有经营亏损的新业务，先是由MAC进行收购，同时还承担汇率变动的风险。MAC自身也邀请了审计法人进行严格的经营管理。

但是，一部分媒体却认为软银集团的所有亏损都是由MAC公司吸收，才使业绩看上去那么光鲜。

孙正义将MAC的所有营业额、经常收益、资产内容等全部公开。同时，宣布MAC和软银的经营完全剥离。

孙正义希望无论如何也要消除民间对软银的不信任。

他让东京证券交易所和大藏省（现在的财务省）把所有的业务内容都看了一遍。并且满足了一部上市的所有必要条件。大藏省和东京证券交易所也是在对软银整体进行了综合判断之后下发了许可。没有任何可以被人指责的地方。这也证明了不论何时何地，软银集团都在堂堂正正地开展经营。

各种不利的传言在企业价值不断扩大的过程中无疑会成为巨大的障碍。有时候还会成为事故，引起意料之外的变故与金融风险。

昭和时代的所有大型企业都跨过了这个风暴。松下电器（现在的Panasonic）的创始人松下幸之助，在1964年7月9日开始的3天内，集中了全国所有营业所的负责人和销售公司、代理店的社长等270名，与他们面对面，将对于松下电器所有的责难都揽于自己一身，从此紧紧地抓住了他们的心。这就是传说中的"热海会谈"。本田技研工业的创始人本田宗一郎，也会有需要投资最新设备而遇到资金周转困境的时候。

在孙正义一手培育起来的软银面前，一定也会有想象不到的困境和阻隔，只有能够熬过这最为艰苦的时期，才能成长为真正的大企业。

孙正义读着1997年12月30日出版的《日经新闻》中软银在东证一部上市的报道，笑了。

"明年开始转为攻势。再一次让世人惊讶。"

1998年1月16日，软银真正实现了在东证一部上市。

上午9点交易一开始，购买软银股票的订单就蜂拥而至，初值要比场外交易的终值还要高100日元，达到了3 700日元。最后的终值达到了3 870日元，比场外交易高了270日元。

交易结束后，孙正义在东京证券交易所召开了记者招待会。

他谈了对于第一天交易的感想：

"今天的时价总额是4 000亿日元不到，比投资美国企业所花费的金额还要低。这些子公司的收益还会增长。"

他对于股票的价格依然过于低廉作出了强硬的表态。

同时，在公布每一股进行20日元的上市纪念分红之后，他也对为什么在股市低迷期间选择上市的理由进行了说明。

"公司的信用度提高了,股价才会稳定。必须接受东京证券交易所以及大藏省关于经营的稳定性、透明性进行的严格审查并且通过之后才能够上市。上市成功也就意味着软银拿到了对其经营状况的一个决定性的评注。"

逆向思维 >>>

1996年6月,软银与全美证券业协会纳斯达克关于开设新兴证券市场"NASDAQ JAPAN"达成了协议。

但是北尾吉孝却竭力反对。

"孙正义想做的事,并不是过去与证券业毫无关联的公司与美国的纳斯达克突然合作就能做成的。需要和日本的数家证券公司形成必要的共识,并且借助这些证券公司共同的力量才能够实现。孙正义先生的做法路数不对。"

不过,孙正义却还是积极推进这项事业。

但在创设过程中却遇到了阻碍。

"小北,拜托了。"

北尾前往大阪证券交易所,并且做了安排。2000年5月,纳斯达克日本正式开张。

但是开设一年后,只有1 000家公司上市,比当初的预想少了很多。而到了2001年年底,累积损失达到了数十亿。

纳斯达克终止了营业活动，孙正义也从纳斯达克日本撤出。之后改名为"赫拉克勒斯"，由大阪证券交易所负责运营。

孙正义如同日本国内首位的通信业巨头NTT一样开展业务，他经常说，希望能像"一块、两块"数豆腐一样，"一兆、两兆"数着营业额的增长。

作为统领软银集团的会计部、财务部、法务审查室、IR室、经营战略室的常务董事兼管理本部长的北尾，为了实现孙正义的想法，从1994年开始到1999年的五年内，实现了超过十件大型并购。

北尾就好像有先见之明一样，通过资本市场进行软银的资金筹措，不断使用新股发行、公司债以及可转换公司债等三个手段。但这样做的要求很严格。因为从资本市场筹集资金就意味着要和各种各样的投资人打交道。他们的眼光有时要比银行更加犀利。要得到他们的投资，就必须时常展示出自己是一家优秀企业的样子。

同时，在软银内部，对于孙正义的意见反对最多的也是北尾。他对于孙正义的批评有时候甚至让孙正义哑口无言。

董事们也说：

"孙正义社长最听北尾的话。"

作为经营者，孙正义事实上也有许多并不擅长的地方。作为从零打造企业的人，孙正义对于风险企业的事情非常了解。但是因为自己19岁开始就当社长了，因此对于底下人的心情并不能完全掌握。而对于组织架构，因为对于巨型组织不了解，因此也不能说很擅长。

而从野村证券和北尾一起跳槽到软银的川岛克哉，作为社长秘书，有时也会在孙正义、北尾去海外出差时陪同出行。两个人只要一上飞机就会立刻开始谈论公司事务。看过的资料就随手摊一地，然后上面又会堆上别的资料。但作为秘书的川岛，却在那个时候一点也没有觉得应该去收拾摊在地上的资料。每次都要在飞机到达目的地后，才慌慌忙忙地把资料收集起来下飞机。这也证明了飞机上的两人集中精力谈论事情的时候有多投入。

北尾一直说要"打破定向思维"，对于不合理的事情就要直接面对，不能因为说是社会的惯例或者习惯而作罢。在这一点上，他和孙正义是一个类型的。

正是这样一个北尾，对于孙正义要开展的业务，只要觉得有问题就会直截了当地说："这个有问题。"从过去一直跟随孙正义到现在的经营团队成员对于孙正义总是会有点敬畏，但是北尾却毫不客气。

因此，北尾和孙正义经常会有意见冲突的时刻。而孙正义所提议的并购，他也好几次予以阻止。

比如，对于收购内存条生产企业金士顿的提议，他就是反对的。

"如果在这里用现金购买的话,我们公司的资金就会周转不过来。"

如果只有北尾和孙正义两个人的话,恐怕就要成为平行线而没有交点了。因此最后只有听取别的董事会成员的意见,再作最终决定。

最终北尾还是认可了对金士顿的收购。但是与此同时,他也让孙正义接受了通过第三方增资分红的办法筹措资金,因为如果全部用软银自己的资金进行收购的话,那么公司就要出现动摇。

孙正义和北尾两个人属于互补关系,同时也在不断地较着劲。

如果两个人的意见一致,朝着同一个目的前行的话,那就可以期待会发生不得了的大事。与"媒体王"默多克一起创立 J SKY B 的时候就是如此。如果没有当时被人们惊呼"黑船袭来!"的那一系列行动的话,恐怕日本的卫星数字电视市场也不会像今天这样巨大。

1998年9月,软银集团决定引入控股公司制。所有事业部门都作为子公司独立。以纯粹控股公司化为背景,北尾所管辖的管理本部独立了。1999年4月成了软银金融公司,北尾任社长。

和北尾一起跳槽到软银的川岛克哉,在拥有了当孙正

第四章 疾风怒涛般的并购史

义秘书的经历之后，担任了软银科技的CFO。而子公司日本雅虎的公开上市的收益，为软银集团带来了超出预期的利润。因此，软银集团也开始计划将旗下经营业绩较好的公司公开上市。

而川岛克哉则成为负责人。终于到了能够发挥川岛原本实力的时候了。从这个时刻开始，他又能够像以前那样与北尾一起近距离共事了。

北尾从亲自挑选他认为不错的海外企业一同设立合资企业，到最终公开上市，一直做着铺垫工作。特别是在互联网金融业务中投入了很大的精力。只要一有机会就会去美国考察亿创理财公司（E* TRADE）。

在打造金融系企业的过程中，他必然会征求孙正义和其他董事的意见。

"这样做的话，对于公司主业也会有好处，会产生协同效应。"

在软银集团内部，互联网金融业务也依然是新生事物。而从那个时候开始，北尾就曾几次和川岛克哉说互联网可以和金融进行融合。

但是川岛并没有把他说的话放在心上。也许是因为国民性的差异，也和互联网的普及率有关，川岛并不认为互联网在日本也会像在美国那样爆炸式地普及。

北尾于1999为了开展企业投资和孵化事业，成立了软银投资，自己出任社长，将软银集团旗下多达十家公司的股票在公开市场发行。

孙正义提供了集团公司设立所需要的资本金。但是运转资金、成长资金无论如何都不够。但北尾却不能向孙正义申请追加资金，因为他本身就被委以金融部门的重任。

因此，他将金融集团内能够尽早公开发行股票的企业进行包装上市，并将公开发行股票所获得的收益充作其他集团企业的运营资金和集团的成长资金。

软银集团包括以搜索而闻名的雅虎的收益在内，获得了十分充裕的金融资产。

作为下一步战略，他准备在互联网平台配置资源。因为有在身为互联网的先驱软银的经营经历，以及自己曾经和诸多美国互联网公司的接触，北尾深切感受到互联网内在的强大破坏力。

互联网拥有廉价、实时、多媒体、互动和全球化等五大特性。

互联网的这些特性，和金融行业拥有非常高的亲和度。可以说，和互联网能够如此亲密融合的行业再也找不出第二家。

分析师们早就对此有过表述。其中表述得最为精彩的是摩根士丹利的女性分析师梅里。她将互联网与金融的高度亲和性通过图表的方式进行说明。不知为何，亲和度最低的是雪茄产业。

过去，伊藤洋华堂的 CEO 铃木敏文曾经明确地对未来进行过阐述："从今往后，不再是追求价格的年代，而是追求价值的年代。"铃木的话是正确的，但是随着互联网的发展，现在应该是"追求互联网价值的年代"了。

变革从与互联网有着最为亲和性的金融行业开始，从而也将其他行业卷入其中。

1991 年 10 月，随着股票买卖手续费自由化的进程，亿创证券（现在的 SBI 证券）开始了网上的股票销售。北尾一口气展开了互联网股票交易的业务。虽然和其他公司同时开始业务，但是 SBI 证券的交易量却排在第一位，这也是因为有北尾的先见之明才最终得以实现的。

同时，SBI 证券交易量能够排在第一，也是因为贯彻了顾客本位的思想。从顾客的角度出发，将各种手续费降到最低。当然，收益也因此减少，而对于减少的这部分收益如何补偿，他也已经考虑到并采取了各种手段。

川岛克哉任亿创证券的副社长，主要从事 IPO 业务，而每年新发行的公司数量在所有的证券公司中也排在前几位。他还构建了主干事券商的体制。

北尾从网络证券开始自己的事业，是因为在金融行业中和自身最为接近的是证券业。拥有慎重的个性的北尾，对于自己不了解的领域，一定不会单干。一定要找到合作伙伴才会进入。从这个意义上说，如果是证券公司的话，就不需要合作伙伴了。

而且当时进入证券业也是运气比较好。日本正处于异常的低利率时代，钱存在银行里也不会有太多的利息。因此存银行的价值也不大。

同时，养老金制度也显示出它的脆弱性，过去光靠缴纳养老金就可以托付老后生活的人们也不得不考虑需要自己给自己养老的问题。于是，投资信托和股票成为重要的投资品。

同时，企业也导入了股权激励等激励制度。过去从未有过股票交易经验的人们也开始关注自己公司的股价。渐渐地，他们也开始买卖自己公司以外的股票。

在这样的情况下，通过股票买卖委托手续费自由化，手续费有了大幅度的削减。而这些业务也在不断地为消费者和投资者提供便利的过程中得到了成长。过去获取大规模收益的证券公司的手续费下降，也是给了个人投资者更加便利的投资环境。

网络证券的账户的数量以超乎想象的速度而急速扩大。受托资产也迅速扩大。2001年3月底拥有13万5 139个账户的亿创证券到了2008年3月底，账户数目扩大了十倍，达到166万2 051户。

但是，互联网上没有办法看到对方的脸，只要通过互联网进行开户申请，电脑就会立刻回复处理。

某个消费者在一天内只要采用不同地址、不同名称，就能以不同人的名义开设账户并且接受融资。对于电脑来说，只要提交的条件符合要求就会给出符合融资条件的判断。但是这些账户开设者的职业却是相同的。这说明这些地址和名字都是伪造的。

如果不能发现，那么该消费者一定是圈钱走人的。而如果只靠电脑的话是没办法查出来的。因此最关键的最终审查，还是要依靠人来完成。

青空银行的收购与出售 >>>

统领软银财务战略的软银董事笠井和彦与孙正义相识，是1996年的事情了。

笠井和彦于1937年1月16日生于香川县高松市。在香川大学经济学系毕业后，1959年4月进入富士银行（现在的瑞穗银行），并且在担任过纽约分行行长之后，于1990年5月升至常务董事、1991年6月为专务董事。与孙正义见面时已经身为副行长，是富士银行的二把手。

笠井曾经在富士银行的食堂里与孙正义共进午餐。当时的电脑界，恰逢微软公司发布了跨时代的操作系统Windows，而同时，互联网工具也受到了万众瞩目。

但是比孙正义年长20岁的笠井却对互联网抱有极大

的抵触。因为他对于互联网究竟是什么、互联网的发展会对社会产生什么影响毫无所知。

笠井率直地问孙正义：

"孙正义社长，互联网究竟是什么东西？"

孙正义停下了筷子：

"这个嘛……"

他的眼神发生了变化，闪闪的目光让人无法相信他已经是超过40岁的人。他饭也不吃了，几乎是要探出身子向笠井解释着互联网。

孙正义的那种愉悦的语调以及他说的每一句话，都好像是将刻板地认为"互联网很难理解"的笠井融化一般。

终于，笠井点了点头说：

"原来如此，是这样的东西啊。"

听着孙正义的话，笠井觉得他能够向所有人把难懂的事物解释得很简单，同时也对互联网和孙正义的理解力有了进一步的认知。自此，对于一直让银行认为很难理解的客户——软银集团，有了更多一层的信赖。

而与孙正义之间真正结缘是在3年后的2000年3月。当时，笠井正在为由于泡沫崩溃而遭受打击的安田信托银行(现在的瑞穗信托银行)的重建而四处奔走。

安田信托银行由于非银行信贷、不动产以及建筑业等持续而来的融资形成了大量的不良债权，1997年陷入经营危机。而对于甚至一度酿成挤兑危机的安田信托银行伸出援助之手的,是同样隶属于芙蓉集团的富士银行。

笠井曾经在国内外有过丰富的资产运作的职业经验,因此看重这一点的安田信托银行聘请他担任会长。由于获得了来自各方面的支持,他用两年的时间将安田信托银行从危机中重建了起来。在完成自己的工作以后,笠井辞去了会长的职务而担任了顾问。

就在笠井辞去会长职务不久,也就是2000年3月10日左右,他接到了孙正义的电话。

"我现在准备去拜访您那里,方便吗?"

"不不,应该是我去拜访您。"

孙正义说:

"我已经在贵公司门口了。"

话说到这个份上,也就没有办法了。笠井只能说:"等着您的到来。"但是,当时孙正义只是为了让笠井不要费心,所以才说"我已经在贵公司门口了"。

当时位于中央区日本桥箱崎町的软银集团总部离安田信托银行只有数公里的路。可谓是近在咫尺。

孙正义挂了电话,并没有花费太多的时间就来到了笠井的会长办公室。

进入会长办公室以后,孙正义开门见山地说:

"既然您已经辞去了会长的职务,那请一定来我们公司吧。"

"不不,您这说的是哪里的话。"

他不敢相信孙正义的话。因为当时日本的互联网用户已经达到了5 000万人,可是笠井是连电脑操作都不会的人。哪怕发一个邮件也要秘书帮忙。自己这样一个人,居然要在软银公司上班,想都不敢想。

笠井说:

"我对于互联网什么的,真的都不懂啊。"

孙正义说:

"我们公司都是些年轻人,时常会发生争执。所以需要有人居中调停。总之,您能够对他们进行培训,当然也希望您能够对我们的战略提一些意见。"

"培训没问题。但是对于你们的业务我真不懂,所以对战略提意见,也无从说起啊。"

孙正义笑着说:

"不不,我们每天都会开讨论会,只要每次参加这个会,不多久就会懂了。"

笠井当时并没有给出答复。事实上,除了孙正义以外,长年在外资银行担任要职的笠井,同时也受到了来自外资金融机构的邀请。

"让我考虑一下吧。"

在那个场合下,他只能用这句话搪塞了过去。

第四章 疾风怒涛般的并购史

但是,自从那以后,孙正义就一直和抉择不定的笠井接触。"一定要来我们这里"的攻势是一浪高过一浪。有时是直接要求见面,有时则是通过电话来劝说。孙正义的风格就是这样,一旦决定了目标,就要全力进攻。最终,笠井终于被积极进行企业并购的孙正义的热情所感染。

但是,作为一个银行工作人员来说,要了解软银公司的业务实在太难。软银集团投资的是互联网相关领域,也就是对IT企业进行投资,这一点已经明了。但是自身的主干业务,事实上是一个难以看到明确实体形态的产业。更何况,在笠井所擅长的金融部门,已经有野村证券出身的北尾常务董事在。看上去并没有自己的位置。

但是,孙正义还是不断地拉拢他。

2000年6月,笠井进入软银,并且担任董事。

第一天进公司的笠井就看呆了。偌大的总部办公大楼空空荡荡的,只有屈指可数的几个职员。

"大家都去哪里了?"

而且他也没看到北尾吉孝的身影。

"北尾呢?"

孙正义说:

"北尾在别的地方办公。"

北尾吉孝在一年前,担任了软银投资株式会社(现在的SBI控股株式会社)的董事长兼CEO。办公室设在千代田区竹桥附近，并将软银的金融部门、会计部门的职员都带走了。

笠井有一些慌神：

"那今后软银怎么办呢？"

但是孙正义却没有表现出什么窘迫。

"总之，虽然现在有北尾负责金融这一块，但是我们也必须采取新的态势。"

长期在银行工作的笠井一句话也说不出来。他并不了解孙正义的想法。即使孙正义的经营再大胆，也应该对资金的运营有着明确规定。而孙正义说的话，不像是一个上市公司的社长说得出来的。

笠井在不久后拜访了北尾。

"现在的软银究竟是怎么回事？"

北尾回答说：

"您说的意思我非常理解。我也是希望能够重建软银公司总部，因此会给予全力支持。"

北尾说的并非谎言，他对于软银的金融部门的重建给予了支持。

直至今日，只要北尾认为孙正义做了什么不利于软银的决策，还是会明确地提出批评。

已经独立了的北尾对笠井说：

"如果我发现有什么问题，一定会明说。"

同时，笠井开始着手对软银集团的法务、会计、财务等所谓的管理部门进行重建。虽然说能够得到北尾方面的协助，但在孙正义需要紧急开展并购业务的时候，软银总部也必须建立起相应的应对体制。

笠井首先将他在安田信托银行工作时期的部下后藤芳光也带到了软银公司。后藤在离开安田信托银行后跳槽去别的公司，却发现自己想做的业务无法开展，当时正好提出辞职。而且听说安田信托银行正全力说服他回去，但是后藤却没有答应。

笠井拒绝了安田信托银行的经营团队，将后藤带入了软银。后藤担任了财务部长，并且将软银的经营变得更加完善。在后藤的协助下，之后的发展也变得越来越顺利。

如今，软银的管理部门有100人左右的规模。

软银集团每星期必然要召开一次经营会议，在会上对于各种议题进行彻底的讨论。而在这时候，笠井都会为孙正义的丰富知识而目瞪口呆。他每天日程安排如此之忙，究竟哪里有时间再进行学习。而且，他对于技术方面也非常内行。

而孙正义对比自己年长20岁的笠井也是非常照顾。在笠井看来，有时候孙正义有一点过于照顾了。所有部门中，只有笠井所负责的管理部门几乎是全权委托。因此，笠井也只需要对于他的部门的要点进行说明。而且经常不是在会议桌前面对面地说,而是在走廊里边走边说。最终,虽然形式上是讨论,但是基本上就是全部交给笠井管理。

职业经理人和企业所有者即使是管理同一家公司,方式也是完全不同的。职业经理人总是想尽办法避免给周围人增添麻烦,因此无论如何都不会是进攻型的经营管理,而是更多地采取防御姿态。但是,企业所有者却能够大胆地承担职业经理人所不敢承担的风险,因此比谁都知道风险的可怕。而孙正义就属于能够主动承受风险的后者。

2000年9月1日,软银和欧力士集团、东京海上火灾保险公司(现在的东京海上日动火灾保险公司)一同收购了日本债券信用银行(现在的青空银行)。

孙正义收购青空银行是为了培养IT相关的风险企业。但有一部分人认为,软银这一次收购是为了将软银集团彻底地私有化。

北尾吉孝在这个时候也出面阻止此事。因为软银已经在着手筹备风险资本市场——纳斯达克日本。如果此时再进军银行业,人们会怎么看待?

人们会看到这样的一个场景:软银集团对新兴企业进行风险投资,再协助其在纳斯达克上市,而软银集团体系内的银行对于企业在上市前以及上市后进行融资。最大的担忧是,因为都是一个集团之下的企业在操作,很可能会放松要求。这样一来，会受到大家的普遍怀疑，还会有招致流言蜚语之虞。

当然，北尾并不是不知道孙正义这么做的理由。他也是希望能够给中小企业、成长性企业哪怕是一点点的支持。

孙正义从1981年设立日本软银，到最终场外市场公开上市，一共花了13年的时间。由此可以证明日本对于风险企业的支持体系是多么的不完备。

过去获得资金支持的方法只有银行贷款，而最终是否能获得支持还不确定，经常是提心吊胆的。在场外公开上市之前，孙正义最怕的人就是银行的支行行长。孙正义希望自己支持的风险企业，在资金方面能够少受一些苦。孙正义的这番心意，北尾也理解。但即便如此，北尾还是要对孙正义提出反对意见。

"投资也许可以挣钱。但是你想做的事情不是数字信息革命吗？不要忘了自己的使命，不要把战线拉得太长。"

尽管北尾反对，孙正义还是坚持继续收购的事宜。

笠井成为日本债券信用银行的外部董事，并且作为项目组成员参与了进来。而在他听取了各种情况说明后，发现日本债券信用银行的经营令人吃惊地干净。像日本债券信用银行这样干净的银行几乎没有。

其后，三井住友银行表示过单独收购日本债券信用银行的意思，西川善文行长以及当时的常务董事奥正之，都询问过日本债券银行的相关事宜。

在那个时候，笠井都会干脆地说：

"大家放心，没有什么可以害怕的事情。"

但就在软银收购了日本债券信用银行三星期之后，9月20日，该银行的行长、原日银理事本间忠世在大阪市内的宾馆自杀。

本间自杀之后，笠井开始麻烦不断。本间去世后必须找到继任者，而人们都提议由笠井来担任，因为他精通银行业务，是最合适的人选。

但笠井并没有打算接任银行行长的位置。因为如果接任行长，就会疏于软银总部的工作。但是一同和软银组成投资集团的东京海上火灾保险公司的樋口公启社长、欧力士的宫内义彦社长却一直在劝说他。

这时候，孙正义成了笠井的盾牌，断然拒绝了笠井就任行长一事。

但事后发现，由于当初拒绝时过于强硬，反而让东京海上火灾保险公司的社长樋口感到了一丝危机。他怀疑笠井也许是因为知道日本债权信用银行有一些没有显露在外的问题，所以才拒绝担任行长的。

2003年9月5日，软银将已改名为青空银行的日本债券信用银行约 49% 的所持股票全部出售给了美国的投资基金博龙资本管理公司。当初,软银集团是希望将青空银行定位于互联网相关业务的投资银行的。但是由于金融厅的反对,因此开展得很不顺利,最终只得无奈出售。

美国的评级机构 FSA 对此还进行了严厉的批评。

"软银曾表示将长期持有青空银行的股份,结果却在短期内抛售了,这到底算什么?"

但是孙正义丝毫不为所动。

"根本是无稽之谈,我持有两年半,也算是长期了。"

孙正义根本没把它当回事。

事实上,孙正义在这个时间点抛售股票是为了集中精力开展 ADSL(非对称数字用户线路)业务。

通过出售青空银行,软银获得了 1 000 亿日元左右的现金。在两年半的时间里,获得了一倍的投资回报。也因为有这个收益,软银可以在 ADSL 业务领域突飞猛进。

但是孙正义对笠井说出了真心话:

"如果能够持有更长一些时间,可以卖得更高。"

阁下,您疯了 >>>

孙正义所追求的目标只有一个,那就是实现世界第一的互联网环境。能够长时间连接互联网,将上网费用降低,连接速度则达到过去的 50 倍、100 倍、1 000 倍。这样的话，日本企业的竞争力就会提高，经济实力就会上升。

孙正义为了开展新的业务，任命了几个负责人，并且给出了指示，必须在规定时间内推出宽带业务。但三个月后，孙正义将负责的三个人叫来，询问进展状况，却发现宽带业务丝毫没有进展。

孙正义不禁脱口而出：

"我亲自指挥。"

孙正义回到社长办公室对秘书说：

"将今天白天之后的会面安排全部取消。"

秘书大吃一惊：

"这怎么回事啊？"

孙正义严肃地说：

"从今天开始，我要离开这里，会有很长一段时间不回来。所有的客人都不见。与公司职员也不见面。我放下所有工作，把精力放在宽带业务上。"

"但是，社长，这……"

对着哑口无言的秘书，孙正义笑着说：

"你们就在这里安心地待着吧。"

孙正义立刻离开了位于中央区日本桥箱崎町的总部大厦，走进了对面位于杂居建筑中的宽带业务企划室。在这里只有四名员工在为设立宽带业务而做着各种准备。而统领号称有800家公司的软银集团的社长孙正义亲自到来,这四个人惊得什么话都说不出。

社长亲自对宽带服务业务进行指挥。这个冲击如同雷霆般震动了整个软银集团。站在统领整个集团位置上的孙正义,居然将自己的责任全部丢下不管。给孙正义写的每天几百封邮件里,很多是为了劝说他停止现在的行为。

董事会也引发了大的骚动,大家差不多都要说:"阁下,您疯了!"

但是,孙正义却丝毫没有从宽带业务企划室回到总部的意思。

孙正义内心呼喊着:

"愿意跟着我的人,就跟着来!"

战国时代,织田信长率领3 000名士兵,将拥有10倍以上兵力的今川义元军,在桶狭间战役中彻底击溃。那时,信长曾经突然单骑跃出城墙。此时孙正义的心境,就和当年在大雨滂沱的桶狭间单骑突进的织田信长的心境是一样的。

孙正义首先考虑,要实现世界最便宜的价格,需要招揽多少顾客。孙正义认为,不仅仅是连接费用,还必须决定设备的费用。

NTT等其他公司为什么只能提供高价服务?因为一直将目标设定得过低了。在创立第一年达到2万或者3万用户，而用三年的时间步入正轨后自然达到 30 万用户。他们只能这样慢悠悠地计划。这么少的客户人数，如果要分摊所有的开发费用、人事费用等的话，那无论如何客户所承担的资费都会是很高的。这种温吞水一样的思考方式，怎么能够实现世界最快的速度、最便宜的价格呢？

孙正义在进入宽带业务企划室的第三天，把人事部长叫了过来。

"三天之内给我招 100 个人。"

人事部长大吃一惊，瞪大眼睛说：

"这个不可能啊，就算立刻登报招人，三天也不可能面试得完。"

孙正义丝毫不客气地说：

"没有什么不可能的。我们集团不是有很多企业吗？你给那些中间持股企业社长下达摊派命令。这里几人，那里几人，这样很快就能把人集中起来了。"

根据孙正义所算出的数字，100 个员工是无论如何需要的。而且还是营业、技术、管理等各个领域的人才。

人事部长按照孙正义所说的给中间持股公司分配了招募人才的任务。三天后，正好招到了 100 个人。孙正义立刻开始了任务分配，将 100 个员工安排在了最适合自己的岗位上。

另一方面，孙正义邀请了号称拥有世界最尖端互联网

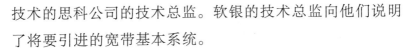

技术的思科公司的技术总监。软银的技术总监向他们说明了将要引进的宽带基本系统。

思科的技术总监听了面露难色：

"你们说的可以理解，但是引入这个系统却是不现实的啊。"

软银公司准备引入的系统是前所未有的世界最新的系统。这是仅用 IP(Internet Protocol)协议(也就是对个人电脑网页浏览和邮件发送时的顺序和规则进行控制的协议)进行操作的一个系统。虽然技术人员都知道这在理论上是可以实现的，但不要说是 NTT 了，全世界都没有通信企业使用过这个系统。

双方的技术负责人发生了激烈的争论。而孙正义没有插嘴。

三天之后，终于，思科的技术人员发声了：

"对不起，如果不能改变引入的这个基本设计的方案，那我们公司对于软银公司宽带业务也就不再参与了。"

从思科技术人员的表情来看，他们仿佛想说："软银脑子不正常。"

孙正义看着他们的样子想：

"对于这样一个能否实现都不知道的风险事业，举世闻名的思科不可能拿自己的名誉做赌注。就是这么回事。"

思科技术人员追问孙正义：

"孙正义社长，您到底要不要实行这个计划，快做决定吧。但是要我说的话，贵公司现在要做的事情，一定会失败。只能说你们很疯狂。"

孙正义却表现出了理所当然的表情，说：

"那我就赌一下这种疯狂吧。"

孙正义对技术人员说：

"现存的诸多技术，的确很稳定，也表现出一定的性能，但是却没有办法表现出动态的性能。尽管被认为是疯狂之举，但如果最前沿的技术能够展示出近 100 倍的性能的话，一定要使用最新的技术。不然的话，就无法实现世界最快速度和最便宜价格。"

孙正义将赌注押在了只用 IP 协议的技术构造。软银独特的 ADSL 线路开通是 2001 年春天。针对 NTT 的 1.5 兆的通信速度，软银的速度快了 4 倍多，达到了 8 兆。就此，软银将理论上正确的技术，通过实践予以了证明。

孙正义内心无限感慨。看着连接上 ADSL 的电脑的屏幕，在他那由于连续熬夜而写满疲惫的眼中，泪水不由自主地涌了出来。

那一晚，孙正义将运营企划室的 100 名员工全部召集在总部背后的烤肉店里。

"今天大家放开肚子吃,不管多少,只要是喜欢的东西,随便吃!"

对于其中过去表现最为活跃的十个人,他亲自发给每一个人100万日元的奖金。那一天晚上,孙正义他们是疯狂的。

白马骑士 >>>

2005年2月8日,互联网公司"活力门"(Livedoor)通过规定时间外交易获得了"日本放送"公司的股份。取得比例是日本放送放行的股份的35%。

活力门的目标很明确,那就是富士电视台。作为拥有富士电视台超过20%股份的大股东日本放送,只要握有其1/3以上的股票,就能加强在富士电视台的发言权,甚至还能够安排董事会成员。

作为对抗策略,日本放送向富士电视台进行了第三方增资。如此一来,活力门所获得的股份的整体比例下降,作为股东的权限也受到了抑制。

但是,东京高等法院却判决此操作违法。富士电视台被逼上了绝路。

他们通过主干事证券公司大和证券,向索尼的出井伸之求救。但谁都不想接烫手山芋。

而北尾吉孝在这个时候,在大仓酒店的一个房间内,见了富士电视台的村上光一社长。虽然对自己而言并没有义务，也没有太深渊源，但北尾提出了对富士电视台进行援救。白马骑士北尾吉孝登场了。

他的脑海中一直深刻记忆着过去率领野村证券的原社长北里喜一郎的话：

"绝不能把资本市场清澈的地下水搅浑。"

活力门社长堀江贵文，即使他尝试采取敌意收购，但是只要他按照资本市场的规则进行，北尾也不会出手。但是，堀江却搅浑了作为公共财产的资本市场。

比如，他将活力门的股份，按每一股拆成100股、1 000股进行分割。这样，对于个人投资者来说，每股价格也降低到可以承受的范围了。根据商法修订案，这样的分割是允许的，堀江并没有违反规则。但即便是这样，活力门的繁荣从某种程度上说，是靠个人投资者的损失支撑起来的，是将不知情的投资者作为自己的牺牲品。之所以这么说，是因为当时股票在送到个人投资者手中之前需要50天。而在这期间，因为股票市场一时供给不足，价格就会急速上升。而当股票到达个人投资者手里时，因为股票数量增加，价格又会迅速下跌。

利用个人投资者不知道其中原委的空子，堀江获取了大量的收益。

"堀江所做的事情太不像话！"

第四章 疾风怒涛般的并购史

这种行为是对战后花了半个世纪、由北尾的前辈们构建起来,北尾自身也深受其益的资本市场的一种亵渎。

不仅如此,开始模仿活力门的资金筹措方法的网络公司逐渐多了起来。可是在这样的危机状况下,却没有人出来维护资本市场。东证、证券交易监管委员会(SESC)在做什么?证券业协会(JSDA)在做什么?业界第一的野村证券又在做什么?大家都睁一只眼闭一只眼,假装没有看到。

对于北尾来说,资本市场代表过去、现在,也代表未来。

"只有靠我来维护资本市场了。"

北尾吉孝感到义愤填膺。

中国的孟子曾经说过,战之能胜需要"天时""地利""人和"。而《孙子兵法》中说的"势"也非常重要。只要有这四点就一定能够获胜。

"什么时候出手,用什么战术进攻?"

他摸索着最有效的办法。

2005年3月24日,富士电视台和日本放送与SBI集团的风投企业"软银投资"(现在的SBI控股)合作,日本放送将自己所握有的13.88%的富士电视台股份借予软银投资。然后,软银投资发表声明,自己已经是富士电视台的大股东。

北尾吉孝甚至在记者招待会上说：

"如果有不喜欢企业文化差异，准备从日本放送辞职的人，可以用我们基金的资金，创立第二个日本放送。"

他继续表示：

"只要第二个日本放送招募到足够的人才，那么获得必要的业务许可并不是难事。或者也可以用新的基金，将日本放送中最有价值的部门买下。"

在决定成为白马骑士的那一天，北尾把这件事情也向孙正义报告了。在这之后，北尾总是会选准时机，利用媒体发话。而每次只要北尾在媒体上放出话来，活力门的股价就会数十日元、数百日元地下跌。北尾的策略取得了成效。

这方面的专家也对北尾的本领表示了赞赏。

"北尾，真是演绎了精彩的剧本啊。"

如果放任不管，活力门还会做出一些更加堕落的事情。

但是，活力门却在令人意想不到的地方开始回击。富士电视台的日枝久会长的自家住宅被爆料是由与建造富士电视台大楼的鹿岛建设拥有密切关系的业者建造的，被怀疑是否存在"廉价供给"。因为发生这样的事情，日枝会长没有办法再公开露面。可以说，富士电视台重要的支撑倒塌了。但即使如此，北尾的优势地位还是没有改变。

第四章 疾风怒涛般的并购史

而一直对于富士电视台虎视眈眈的其他电视台却把北尾放在了敌对的位置。他们认为，富士电视台是他们的敌人，因此救敌人命的北尾吉孝也是敌人。

这些电视台在播放北尾吉孝的记者招待会时，都通过巧妙的剪辑，仅仅将北尾表现出高压态势的一部分播放出来。

但北尾丝毫不在意，对于他来说，播放他的高压态势反而是一件好事。因为他一直考虑着如何不战而胜。而富士电视台之外的电视台所播放的影像中，北尾可怕的样子能够让堀江看见，那是再好不过的事情了。

活力门与富士电视台在2005年4月18日最终宣布和解。

和解的条件有三个：

"一、活力门将握有日本放送32.4%股份的子公司Livedoor Partners向富士电视台以670亿日元（包括债权在内）出售。"

"二、富士电视台接受活力门实施的440亿日元的增资。"

"三、富士电视台、日本放送以及活力门为了今后开展业务合作，设置'业务合作委员会'。"

北尾吉孝非常出色地完成了白马骑士的工作。而曾经一度由软银投资代为保管的富士电视台的股份也全部还给了富士电视台。

软银投资和富士电视台、日本放送共同设立的基金却留了下来。当初的出资金额是200亿日元。通过各种方式运用资金，运营良好。

作为软银投资来说，经历了与堀江贵文所率领的活力门的较量等一连串事件，不仅仅是公司，包括北尾自身的名气也越来越响，收到了非常好的广告效果。

对于北尾来说，正可谓是得了"天时"。活力门收购日本放送的股票一事，也有了重大的转机。

在所有事情都解决完毕之后的某一天早上，北尾接到了社长孙正义的电话：

"堀A梦说，小北太可怕了。"

"堀A梦？什么情况？"

孙正义对北尾详细地解释起来。

原来前一天晚上，孙正义和长相颇似"哆啦A梦"而被人称作"堀A梦"的堀江贵文一起吃饭。高盛总裁持田昌典也加入了进来。

席间，堀江对孙正义说了真心话：

"北尾先生真是太可怕了。"

孙正义与北尾两驾马车 >>>

进入2005年，北尾吉孝开始思考：

第四章 疾风怒涛般的并购史

"该是要和软银隔断资本关系的时候了。"

北尾希望建立一个除了证券之外，还能囊括金融领域的顶级公司的集团企业。互联网金融除了证券之外，如果不进入银行业、保险业的话，事业并没有完结。自身涉足的事业越是成功，这样的想法就越强烈。他的志向是在软银金融的旗下汇聚多家从事风险投资、运营以及证券等业务的上市公司，成为一个综合金融集团，而正因为这一点，有时候就不得不违背软银总部的意向。

他一人身兼软银总部的董事以及同是东证一部上市公司软银投资社长两个职务，感觉到相当的拘束。

软银为了发展 ADSL 业务，可以平静地接受三年连续1 000 亿日元的亏损。而"Yahoo! BB"发生了顾客信息泄露事件，同时还包括青空银行买入三年内又卖出的情况。要建立整个金融企业生态圈，就必须进入银行、生命保险、财产保险这三个领域，但作为过于具有挑战性的软银集团的子公司，恐怕即使有这样的想法，作为主管部门的金融厅也不会发放许可的。同时，也无法作为上市公司单独进行资金筹措，因此条件非常不利。

北尾吉孝对孙正义坦诚地说：

"如果继续寄寓软银旗下的话，金融业务就得不到发展了。"

孙正义听完了北尾的所有陈述，说出了令人意想不到的话：

"对不起，小北，给你添麻烦了。"

这句话并不是那么容易说出口的。不愧是将曾经的一家小小的软件批发公司发展成为今天软银集团的孙正义。北尾再一次领略到了孙正义的气度和胸怀。

但是，作为从软银集团剥离的条件，孙正义只提了一点：

"小北，一个月一次，一定要一起吃个饭。希望你能跟我聊聊。"

对北尾说的这一句话，正是孙正义最好的写照。

2005年7月，软银投资的商号变更为SBI控股。

SBI控股和其他拥有证券、银行、保险业务的银行集团完全不同。所有的服务都通过网上提供。和实体企业相比，不需要场地费和人事费，因此保险费和手续费也可以大幅度降低。可谓是价格破坏。此外，还架构了使企业之间能够相互发挥协同效应的机制。

2006年8月，SBI控股从软银的权益法（equity method）适用关联企业中剥离，正式从软银独立出来。

而软银集团公司的股票价格也没有受到负面影响。也许从外界看来，这是一个自然而然的结果。就这样，完成了正面意义的"分离"。

作为事业持股公司的SBI控股的旗下，并列地设有

SBI 证券和住信 SBI 网络银行等公司。

在软银集团副社长官内谦看来，软银集团中最优秀的人，毫无疑问就是 SBI 控股的 CEO 北尾吉孝。

北尾吉孝，与其说是软银集团中孙正义的左膀右臂，倒不如说是和孙正义一起组成了奔驰的两驾马车。但是，两个实力相当的人在一起共事，并不是那么容易的事情。

第五章 球队收购与王贞治

福冈大荣鹰队的收购谈判 >>>

2004年10月18日,软银集团社长孙正义在出席记者招待会时明确表示,将考虑收购职业棒球队福冈大荣鹰队,并且目标是能够赶上参加下一个赛季。

"这是一支在福冈当地受到了绝大多数人支持的球队,我们希望继续将球队的主场放在福冈。"

而持有鹰队的大型超市大荣集团,已经请求产业再生机构对其进行支援,并接受其进行资产审查。因此,要实现球队的收购,必须得到产业再生机构以及已经基本确定在下一年度对大荣进行支持的企业的同意。考虑到还要召开全体所有者大会,因此软银集团如果再迟一些表明收购的决定,就来不及参加下一赛季了。从记者招待会发布的内容来看，孙正义关于大荣鹰队的收购事宜应该在两年前就和大荣集团在私底下开始谈判了。

"几十亿日元的球队赤字绝不是什么大的数字。从企业的认知度和形象提升等综合方面考虑，对经营是有益处的。"

要对抗巨头 NTT 集团，推进宽带业务，提高企业的知名度和品牌竞争力是必不可少的。如果能够收购球队，那么软银集团的知名度就能飞跃式地提高，并且有助于强化公司核心的宽带业务。而如果拥有球队，公司每年在品牌经营上所花费的成本可以降低 100 亿日元以上。

孙正义在当地佐贺读小学四年级的时候就开始迷上棒球。当时迎来了读卖巨人队的黄金时代。1967 年，该队击败了日本联赛太平洋联盟的霸主阪急队，实现了三连冠，同时也开启了直至 1973 年的九连冠的伟业。

说到巨人队中的当家球星，要数与"本垒打王"王贞治合称"ON 炮"的长岛茂雄。就像长岛茂雄一样，孙正义那时也曾作为四号击球员防守三垒，是出了名的长距离击球手。

孙正义在收购鹰队之前十年左右，就开始憧憬着有朝一日能够拥有一支自己的职业棒球队。而将这个想法真正转变为方针是在 2003 年 3 月。软银集团获得了神户的欧力士蓝浪队的主球场"Green Stadium 神户"的冠名权，并改名为"Yahoo! BB 球场"。孙正义当时想：

"我不仅要拥有冠名的球场，还要拥有球队。"

于是，他立刻通过业内的相关人士，对于大荣是否有卖出球队的意向进行了非正式的询问。得到的回答是没有这个意向。但孙正义没有放弃，依然虎视眈眈地等待着可以收购球队的时机。最终软银遇到了千载难逢的机会。

从本意来说，软银希望在 ADSL 盈利之后再对大荣鹰队进行收购。但是如果大荣鹰队就这样被产业再生机构吞并的话，再要进行收购就难了。因此立刻向对方转达了想要收购的意向。

笠井和彦代表软银，迅速赶往产业再生机构。孙正义亲自出马的话，恐怕会引起各种骚动。笠井对产业再生机构的社长齐藤惇说：

"请对大荣的高层说，如果有将球队脱手的意向，我们会进行收购，并且希望产业再生机构能够作为后援。"

10 月 18 日，孙正义来到了福冈。这天早上，出现了一条惊人的报道：

"软银提出收购职业棒球大荣鹰队，目标直指下赛季。"

《朝日新闻》将其曝光了。

当天中午，进入福冈市的孙正义，召开了新闻发布会，正式宣布准备收购福冈大荣鹰队的决定。

第五章 球队收购与王贞治

孙正义表示：

"我是九州出身。公司的创业地也是福冈。如果要收购球队的话也只有福冈的鹰队这一个，我对它一直非常地关心。2002年开始就在私底下开始询问收购的事宜了。"

孙正义强调，自己并不是受到乐天、活力门等为设立新球队而起劲运作的影响。

而且，球队的主场依然放在福冈，参与下赛季比赛的教练和球员也依然保留原班人马。

孙正义对他的收购目的进行了说明：

"这也是宽带业务中重要的一个内容，有助于消费者认知度和品牌形象的提升。"

佐贺出身，同时又在福冈开创了第一代软银的孙正义，被九州的人们当成是超人般的英雄而受到追捧。而笠井和彦从富士银行(现在的瑞穗银行)时代就认识的福冈的财界人士，也对于软银收购大荣鹰队表示欢迎。

到2004年秋季，向产业再生机构提出支援请求的大型超市大荣，虽然当初依然执着于单独保留球队，但是，最终还是调整了战略，决定将福冈大荣鹰队出售给软银集团。

2004年11月10日，软银明确表示不仅要收购球队，同时还要从COLONY资本将球队的售票权一并收购。大荣鹰队和COLONY公司之前曾经签署过协议，将本该属于球队的售票权让渡于 COLONY。而且还约定，在出售球队的时候，也需要征得 COLONY 方面的同意。

乐天、活力门等新设立职业棒球队的有关参赛资格问题引发了巨大的争议，相比之下，似乎软银收购大荣鹰队的过程还算是比较顺利。当然，孙正义还是有许多不足为外人道的辛苦。只是，经历过 COMDEX、ZD、雅虎等世界级的并购和投资，此时他对于并购已经颇有心得了。所以，也并没有花费太大的气力就将球队收购了。

11 月 15 日，大荣集团在东京都内的宾馆中召开的棒球实行委员会上，报告了将大荣所持有的已发行股份中 98% 的球队股全部出售给软银，并且转让参赛资格的意向。

与大荣签署了球队转让协议之后，软银在 2004 年 11 月 30 日，向日本职业棒球组织（NPB）提交了参赛申请，跨出了进入职业棒球界的第一步。

同样都是冒险家 >>>

孙正义于 2004 年 11 月 26 日与主教练王贞治见了面。从小喜欢棒球的孙正义，当然对被称为世界本垒打王的王贞治十分崇拜。自己收购了球队以后，依然希望他能够继续担任主教练。

虽然王贞治之前没有见过孙正义，但是一直都知道他是一个很厉害的经营者。

第五章 球队收购与王贞治

在笠井和彦看来，虽然两个人生活在不同的世界里，但是同样作为冒险家，一定可以嗅到对方身上的气味。两人从一开始就意气相投。

这一年，职业棒球太平洋联盟正进行球队的重组。欧力士蓝浪队与近铁野牛队合并，组成了欧力士野牛队。另一方面，以没能进入欧力士球队框架的近铁的球员为核心，组建了东北乐天金鹰队。

当时，对收购了大荣鹰队的软银公司来说，其实并非一定要继承从南海鹰队时代开始使用的"鹰"这个球队名称。但是孙正义认为，如果将名称彻底改变的话，就会与那些一直对于"鹰"这个队名有着深深热爱的球迷为敌。有人提出，即使继续使用"鹰"这个词，也可以改为"梦鹰"的队名，表示给球迷们以美好的梦想。但却迟迟得不出结论。直到预定发布日前一星期，球队的名称依然没有决定。

栗坂达郎急了，对孙正义说：

"社长，今天如果不能决定下来的话，记者招待会的内容就要变成一片空白。然后社长就必须对媒体说'我现在马上考虑'了。"

最终的结论还是认为"鹰"是最合适的队名。

在记者招待会上，针对投资 170 亿日元是否包括棒球以外的事业的提问，孙正义回答道：

"仅仅是棒球相关的，包括票务、商品、转播权、广告等等。如果能有10%（17亿日元）的销售增长，那么收支就能平衡。但是我们并不想停留在这个水平，因此会增加经费，目标是打造世界第一球队。通过互联网的运用，20%、30%的销售增长不是那么不切实际的愿望。10亿、20亿甚至30亿左右的赤字是完全可以承受的。"

新球队的名称是福冈软银鹰队，而球队的LOGO是由软银公司的新LOGO（两条黄线中间黑色的SoftBank字样）和球队过去的吉祥物哈利霍克的图案组合而成。新球队的首位主教练王贞治也来到了发布会现场，与孙正义社长紧紧地握手。

"说真的，今天这个日子，我已经翘首期盼了很久。老实说，现在的心情与其说是高兴，更不如说是松了一口气。"

王贞治露出了如释重负的表情。

大荣鹰队出售也是经历了众多反复波折，不过这下终于能够"昂首挺胸地向前走了"，而且也能够"把精力都放在棒球上了"。所以他真心觉得高兴。同时也发誓："明年一定要实现日本第一的目标。"

目标直指世界第一 >>>

"软银鹰队的目标是，做世界第一的球队！"

第五章 球队收购与王贞治

孙正义又一次喊出令世人惊讶的口号。

日本职业棒球目前就像是美国职业棒球大联盟的后备军一样。以近铁的王牌野茂英雄为代表，包括铃木一朗、松井秀喜、达比修有等一流选手都去美国职业棒球大联盟了，日本职业棒球面临着空心化的问题。这涉及棒球界一直存在的结构问题，和 2004 年掀起的统一联赛制也有很大关系。如果一直是这样的话，职业棒球就没有未来。

职业棒球不应该只留在国内，而应该挑战世界。而且不是某一个球员去挑战世界，而是球队甚至整个球界都要去挑战世界。既然要挑战，就不能说"希望成为世界老二"。既然要挑战，就要直指巅峰。

具有职业高尔夫水准的孙正义，并不喜欢锁定目标而进行控制力量的击打。既然是要击球，他喜欢用全力击打，目标直指天空。

要击败纽约扬基、波士顿红袜等美国大联盟球队，就必须面对练习中的艰苦、小组织中的人际关系等琐碎的问题。而日本棒球界的对手也是重要的伙伴，可以通过互相切磋提升技艺，一同为了实现世界第一而努力。

职业棒球界曾尝试了各种各样的改革，引入了上一年度末位球队起倒序获得指名权的选秀制度、限制选手年薪总额的工资帽制度等。

但是孙正义却对此提出反对意见。

因为巨人队太强大,所以制度就向最弱的球队倾斜,这是误入歧途了。救济弱者的思维方式最终导致的只会是收缩均衡。

第二名的球队拼命挑战第一名的球队,而第三名的球队尽管是第三名,但也对第一名紧咬不放,只有通过这样的激烈竞争,才能唤回职业棒球的繁荣。

同时,要构建一支强大的球队,可以采取如果连续五年球队成绩垫底,球队老板必须换人的严酷规则,必须对经营者也要有强烈的约束。

即使是成绩排在第五、第六名的球队,也一样拥有全力比赛的选手,有全力支持的球迷,而球队成绩不佳,只能说经营者对于打造更强的球队没有强烈的意识。如果没有这一点,即使有再出色的选手、再热情支持的球迷,球队的实力也是孱弱的。

强者越强,不断往上攀登。这不仅仅是因为人类的斗争本能,在经济界也是如此,这是大自然的定则。

没有竞争的世界还能带来什么呢?历史已经充分证明了这一点。孙正义认为,如果不顾这一点,在竞技体育这样一个小小的社会里采取逆大流的方法,那简直是自杀行为。

孙正义进一步考虑:

"在不久后的将来,正式举办决出世界第一球队的比赛。虽然可能会被说成是梦话，但是却要有这样的志向。如果成为世界第一，那么整个国家都会为此沸腾，胜利游行时将成为彩色纸片飞舞的海洋。我和王教练两个人一起'孙王攘夷'。凝聚国人的盼望击败外国的球队。优秀选手也就会留在日本。"

关于怎样实现决出世界第一的比赛，孙正义表示：

"我会在球队所有者大会上说这个事情。2005年开幕前会约见美国职业棒球大联盟的主席，对他说'凭什么美国的国内联赛却要称作世界联赛？赶快改名字吧'。虽然胜算有多少我不知道，但是只要我们一直这样提，总会有路出现的。"

王贞治的"禁果" >>>

以孙正义的话说，福冈软银鹰队的原主教练（现任球队会长）王贞治是一个不折不扣有着伟大人格的人。

王贞治是一个专注于场上胜负的冒险家。但是即使在比赛中击败对手，他也会让人们觉得"因为是王贞治，所以没有办法"，足以证明他的包容和对于败者的体贴。

在孙正义读小学的时候，当时的王贞治经常被对手施以四坏球战术。出于孩童的心理，孙正义对于四坏球战术非常厌恶。

"那个投球手和接球手实在太卑鄙，不愿意堂堂正正地进行对决。"

终于到了关乎本垒打王和三冠王之名的终盘决赛了。而一次次的打席的叠加状况也有所改变。甚至都要担心"关于纪录的打席数怎么办?"可是王贞治还是若无其事地默默跑上一垒。

在日本的商业圈中拼杀的孙正义,对于胜负的执着有时候过于强烈了,甚至会出现被对手仇视、认为"那家伙绝对无法原谅"的情况。但是,直到今天才真正理解到,即使被对手施以四坏球战术却仍淡然面对的王贞治的可敬之处。因此,在和他见面的当天晚上,孙正义也对自己过去的行为和态度进行了深刻的反省。

福冈软银鹰队的会长王贞治,1940年5月10日出生于东京府东京市本所区(现在的东京都墨田区),他是异卵双胞胎的弟弟。户籍上所写的出生日期是20日。

王贞治在本所中学读初二的时候,经历了命运般的邂逅。他遇到了当时每日猎户星队的球员荒川博。恰好荒川博散步时路过了王贞治比赛的场地,并且走过来与其搭话。看到棒球感觉比周围人明显高出一筹的王贞治用左手投球,但是进入击打席的时候,却依然用右手击打,就建议说:

"为什么你用左手投球,却用右手击打?既然是左手投球,当然应该是左手击打。"

王贞治老老实实地听取了他的意见，进入了左打席后，立刻击出了一个二垒打。

接下来的交流中，荒川博得知王贞治是初二的学生。

"赶紧进入早稻田实业高中吧。"

当然，立刻转校是非常困难的，但是在两年后，还是如愿进入了早稻田实业高中。

他在早稻田实业高中时代，除了高三那年的暑假外，参加了所有的甲子园比赛。以投球和击球闻名。在二年级春天，他在四场比赛中都是一人投完了所有的球，尤其是第四场比赛完封对手，为关东球队首次赢得了冠军。

在高二那年的夏天，在 11 次延长赛中投出了无安打、无失分的纪录。这也是甲子园春夏两会延长赛中唯一一次无安打、无失分纪录。接着，在三年级的春季大会中，打出了 30 年以来又一次的连续两场比赛本垒打。

1959 年，王贞治作为投手加入了读卖巨人队。签约金额达 1500 万日元，年薪为 140 万日元。对于当时的高中生而言，是破纪录的签约金额。成为职业球员的第四年，也就是 1962 年，荒川博成为巨人队的击打教练。主教练川上哲治委托荒川指导王贞治的击球。

对王贞治来说，可谓是开始了痛苦的历程。教练从早到晚一步不离地练习、练习、再练习。因为他并不知道这样的练习能够让他变成什么样子，因此这个过程是痛苦的。

开幕后的三个月期间，王贞治只完成了九个本垒打，成绩也没有提升。而队伍的状态也一直没有办法提高。看他无论怎样都无法完美地击球，荒川博下了命令：

"你索性抬起右脚击球试试看。"

1962年7月1日，在川崎球场进行的对大洋鲸队的比赛中，王贞治和中学时一样老老实实接受了荒川博的建议，将右脚抬了起来进行击球。虽然在第一打席没有完成任何击打，但是却在第二打席中直冲看台打出了一记本垒打。这一天，最终留下了五次击球轮中三安打四个击打得分的成绩。而所谓的"金鸡独立式击打法"也由此诞生。

王贞治也因此彻底觉醒：

"果然，练习还是很重要的。"

他和荒川博一起，对金鸡独立式击打法又不断进行了改进。他们并没有将击球看作是"击"，而是看作为"斩"。所谓的"击"，只是利用球的反作用力的一瞬间的接触。而"斩"，从感觉上说，球棒是完全通过球的中心。击打对于王贞治来说，就像是剑士的挥剑之道一样。

为此，他还拜剑道师羽贺准一为师学习居合道，接受挥舞日本刀的指导，将"斩"的精髓铭刻于心。

这一年，王贞治实现了击打成功率27.2%，完成38次本垒打，获得85个打点，首次蝉联本垒打和打点双

第五章 球队收购与王贞治

冠王。

当时中日龙队的王牌球员权藤博也对他赞不绝口。

"简直是无隙可乘的击球手。除非能够投出完美的球，不然根本无法压制住他。"

1963年，首次实现击打率30%、40个本垒打的纪录。与被称为"Mr Giants"的长岛茂雄组成的双人组合也被称为"ON炮"，是巨人队的双子星。

王贞治在1964年5月3日对阪神老虎队的比赛中，创下了四次打席全部击出本垒打的纪录。他在这一赛季完成了55次本垒打，从而在日本棒球史上留下了新纪录。也在这一年，他真正确定了金鸡独立式击打法作为自己的击打姿势。

对于王贞治来说，本垒打就好像偷吃禁果一样。自己击出的球，沿着一条直线向看台飞去，没有比这更强烈的快感了。

在这期间，也会出现状态低谷期的不安、恐慌等各种负面情绪堆积的时刻。但是为了再一次感受到快感，他不断地练习着。一点点的辛苦根本算不上什么。

正因为他不顾一切地追求这种"禁果"，最终在1977年9月3日对阵东京养乐多队的比赛中，击打出了职业生涯中的第756个本垒打，超过了由美国选手汉克·阿伦保持的755个本垒打，刷新了世界纪录。

在 1980 年的赛季中，王贞治在打出了 30 个本垒打之后宣布退役。

终其职业生涯，一共击打出 868 个本垒打。总计击打成功率为 30.1%。荣获 5 次本垒打王、9 次 MVP、2 次三冠王、5 次首席击球手以及 13 次得分王荣誉，在职业棒球界留下了光辉的战绩。

在他看来，长岛茂雄和自己的性格正好形成鲜明的对比。

令人想象不到的是，在外人看来比较内敛的王贞治，事实上身为次子，在球队内会很直接地表达自己的情感。而看上去自由奔放的长岛，却令人意外地像家中长子一样，很少表露自己的感情。

而巨人队自身就像是职业棒球的长子一般。对于长岛茂雄而言，也会有身心疲惫的时候。但他却全部自己肩负下来了，也正因为如此，王贞治才能自由奔放地发挥，因此他对于长岛是心存感激的。

王贞治在 1981 年起的三年内担任了巨人队的助理教练，1984 年开始担任主教练。在担任主教练的第四年，也就是 1987 年率领球队获得了分区联赛冠军。但是，他在 1988 年辞去了巨人队主教练之职。

脱下了队服的他担任了 NHK 的解说员，但是心里总是觉得不满足。在他服役时代，非常羡慕那些在休假日可以出去游玩的人们。可是，一旦脱下了队服，即使可以作为爱好打打高尔夫球，也丝毫没有感觉到快乐。曾是球场上冒险家的他，已经无法感受到那种每一球都可能使形势发生变化的紧张感。

"可以让自己心跳的，只有棒球了。"

但是却没有重拾巨人队教鞭的想法。

在辞去主教练后第六年，王贞治接到了福冈大荣鹰队主教练根本陆夫的邀请。

"请你担任大荣鹰队的主教练吧。"

根本陆夫的外号叫"球界的阴谋专家"。他的工作方式以及让所有人惊叹的手腕被人称作"根本魔术"。他曾经暗中开展工作，让原本希望加盟巨人队的清原和博加入了西武狮子队的事情也是广为流传。

但作为教练，根本陆夫却没有取得傲人的成绩。

"我只是一个过渡的主教练。"

他表示，自己的工作只是搭建一个基础，因此决定将幕后英雄的角色扮演到底。

就是这样一个根本陆夫，向能够继承自己意志的主教练人选抛出了橄榄枝，这个人就是王贞治。

当时，王贞治恰好也是对棒球的怀念达到了顶点，碰巧就在这样的当口接到了邀请。事实上他在辞掉了巨人队主教练后，曾经收到其他球队担任主教练的几次邀请，他都拒绝了。但这一次却不同：

"一定要试试。"

王贞治担任了福冈大荣鹰队的主教练。衣服背后的号码是代表"棒球"日语读音的"89"。但在接任三年的时间里，球队表现低迷，处于二流水平。甚至有球迷向球队乘坐的大巴车扔鸡蛋：

"你们是职业的吗？！"

但是，作为世界球星的王贞治还是忍了：

"我们只有胜利，别无他途。胜利了，球迷们也就会鼓掌欢迎了。"

第四年，他的梦想最终得以实现。1998年，福冈大荣鹰队获得了第三名。

从南海时代以来，时隔21年后，鹰队在王贞治的带领下重返一流水平，并在1999年获得了日本总冠军。这对于王贞治来说是第一次获得日本总冠军。2000年获得分区联赛冠军，2003年击败了星野仙一率领的阪神老虎队，第二次获得了日本总冠军。

王贞治眼中的球队老板 >>>

王贞治十分怀念2004年11月26日，第一次和球队老板、软银公司社长孙正义见面当天的场景。

王贞治对于每每都能引发话题的孙正义的情况非常了

解。创设软银并且不断发展壮大的故事不用多说,连他在学生时代通过发明获得了巨额资金的插曲也清楚。

孙正义曾对他讲过与美国企业关于收购案进行谈判的事。在谈判的时候,最初大家都会明确表示自己势在必得,明确表示"100%要得到手"。然后在不断地相互妥协和让步下,最后变成了50对50,或者55对45。

按照孙正义的话来说,日本人的谈判能力很弱。只要对方稍微强势一点,立刻就会表示:"我们只要30就可以了",从一开始就会先提出让步。

这些话,王贞治非常认同。

他觉得孙正义虽然身材矮小,却在海外严苛的如战场般的商场奋力拼杀,真的非常了不起。同时,还有一种意外的感觉:

"真的是很随和的一个人,一点都看不到与人为敌的感觉。"

大多数年轻时创业,并在残酷的世界饱尝艰辛的经营者,性格都会比较怪癖。甚至很多人不会处理人际关系。有些大人物的性格就是那种容易与人为敌的。

但是,孙正义却一直微笑着,而且从他身上可以感受到过去从未体会过的细心和体贴。在吃饭的时候也会说:"喜欢的东西请随便点。"王贞治本来以为孙正义是因为自己年长才对自己客气,但是并非如此。他对谁都这样。

不论事业成功还是失败，孙正义都充满了人格魅力。

孙正义在2004年10月18日表明收购大荣鹰队的记者招待会上，还公开爆料自己"少年时代，打过三番球，守过三垒"的棒球经历。

在自己长达半个世纪的棒球人生中，王贞治遇到过各种日本的棒球队老板，虽是老板，但是没有棒球经验不说，英语中所说的"LOVE BASEBALL"中的"LOVE"也是一点都没有。几乎所有的老板对于棒球本身并没有兴趣。

有棒球经历，而且自己又喜欢棒球的孙正义接手球队，对于王贞治来说是最开心的事情。而且孙正义对自己的故乡九州有着非常强烈的感情，也能够充分听取福冈财界、青年会议所、球迷等的声音。"鹰"这个球队名称保留了下来，加油歌也只是将歌词中的"大荣鹰队"改成了"软银鹰队"，几乎是原封不动地保留了下来。

本来，拥有足够财力的孙正义，完全可以将球队名称等改成自己希望的内容。但是，他却听取了周围的意见，表现出宽大的胸怀。对于现场指挥也是完全交给王贞治。

"总之，关于棒球的一切都拜托了。请放手大胆地干吧。"

从这个意义上说，大荣鹰队时期的老板中内功也是如此。在菲律宾战场上死里逃生，并在日本战败后不久从神户的黑市做起,构筑了一代流通集团帝国的中内功,与从贫困和歧视的困境中崛起的孙正义,某些方面的感觉是很相似的。

孙正义对王贞治只有一个要求:

"成为世界第一的球队。"

王贞治在2006年率领日本代表队"王JAPAN",参加了第一届世界棒球经典赛(WBC)。在这届比赛中,除了日本以外还有美国、古巴、韩国、多米尼加等16个国家的代表队参赛。而日本队也借助第二轮墨西哥队淘汰美国队的奇迹,取得了冠军。

但是,王贞治在联赛里却一直没有好成绩。2006年、2007年虽然连续两年打进季后赛,但最终没有进入日本总决赛。

2007年,王贞治的身体发生了异变。经过检查,发现患有胃癌,因此不得不离开第一线。2008年赛季之初,王贞治再一次回到第一线,并且表示出了不屈的斗志:

"这是我的最后一个赛季了。"

他对球员和教练组也表达了自己的决心。

但是联赛却非常艰苦。由于齐藤和巳、和田毅等王牌投手离队,主炮小久保裕纪因故推迟出场,在联赛开幕时就有三大主力缺席。而在联赛中,守护神马原孝浩以及击打主轴的多村仁等选手又事故频出。

王贞治在 9 月 20 日，悄然向球队提出辞职。

对于球迷的退役宣告，他希望在主场比赛时穿着主队白色队服，在福冈当地的雅虎球场进行。出于这样的考虑，他在福冈雅虎球场举行的最后一场主场比赛的 10 月 4 日之前，向球队提交了辞职书。

他立刻接到了孙正义的电话。孙正义极力挽留：

"只要你愿意，我希望你能够至死担任主教练。"

对于王贞治来说，没有比听到这句话更高兴的了。但他还是很认真地谢绝了：

"联赛还在进行中，实在抱歉，但是我心意已决。"

棒球是越打越快乐，而棒球也改变了王贞治的人生，要离开棒球真的有点恋恋不舍。

但另一方面，王贞治是生活在胜负世界里的人。如果出不了成绩，那就必须做出一个了断。必须自己决定什么时候该退出。这个思想准备在他接任主教练那一刻开始就有了。特别是在他一边和病魔作斗争一边执掌教鞭的两年里，最终还是没有能够带出成绩。从各种各样的情况来考虑，这也是最好的引退时刻了。

2008 年 9 月 23 日，王贞治正式发表了辞职声明。从球队前身大荣时代的 1995 年担任主教练以来一共 14 年，包括在巨人队的 5 年，总共是 19 年的教练生涯，最后画上了句号。 他在最后的总结里说道：

"这 14 年真的很幸福。为什么九州人、福冈人都这样的亲切？包括我的个人生活在内，都是幸福的 14 年。我对我的第二故乡福冈以及在我的棒球生涯中占据了极大比重的鹰队的感情也是与日俱增。只要我力所能及的事情，我一定全力以赴。"

王贞治现在担任福冈软银鹰队的会长，负责涉外工作，为获得外国球员而奔走。对于他来说，作为领导者必要的条件就是，朝着自己坚信的方向不断迈进的意志。哪怕朝令夕改也没有关系。

"人是会变的。反正会变，那就变得更好吧。"

王贞治真的就是这么想的。

第六章 称霸亚洲即称霸世界

"外星人"马云 >>>

统领着软银集团的孙正义向中国市场进军,而作为引路人的正是他在加利福尼亚大学伯克利分校读书时代和他一起开设 Unison World 公司的合伙人陆弘亮。他在 1995 年投资了 Unitech Telecom,正式进入了中国的通信网络领域。2000 年在香港地区成立了现地法人风险基金"SoftBank China Fund"。

当时,其他日本企业也开始进入中国市场,但是对于中国的看法却有一些微妙。除了政治上的担忧,中国当时的商业规范也并不很完备。此外,当时日本企业普遍拥有的"日本是世界第二经济大国"的自豪感也成了进入中国市场的障碍。

但是孙正义对于中国市场却丝毫不怀疑。

"只有占据了拥有最多人口的中国市场,才能算是成为世界第一的绝对条件。"

随着1995年雅虎的设立而开始繁荣的互联网时代,当初其中心是美国。孙正义也将他的重心放在了美国。

但是如果放眼亚洲,会发现世界上三分之二的人口集中在这里。在这里普及互联网的话会怎么样呢?尤其是,在邓小平提出改革开放之后,中国的经济增长举世瞩目。如果在这里采取扩张战略的话,互联网的环境就会有巨大的变化。拥有整个互联网人口50%的美国的占比会缩小,而中国则会在短时间内显露头角。与此同时,市场的动向也会发生改变。孙正义正是看到了这一点,于是就开始在中国布局。

首先由"SoftBank China Fund"的负责人挑选中国IT相关企业的经营者,并与其会面。光人数就达到几百人之多。自然而然地,看人的眼光以及对于企业将来的判断力也越来越高。

阿里巴巴的CEO马云就是其中的一个。

2000年冬天,孙正义与马云第一次在北京见面。而在这之后,马云就一直是他关注的对象。在大学时代,马云担任过大型学生组织的领导职务。即使沉默不语,从他瘦小的身躯里也会散发出无穷的魅力。

马云，1964 年生于中国杭州，在杭州师范学院（现在的杭州师范大学）毕业后，从 1988 年开始的 7 年内，在杭州电子工业学院担任英语和国际贸易学科的讲师。而转行进入互联网是在 1995 年，当时他创设了中国首个互联网商务信息网站"中国黄页"。之后归属于中国外经贸部国际电子商务中心，开发外经贸部的官方网站和中国网上交易市场。

1999 年 3 月，在凑足了 50 万资本金之后，马云在杭州设立了阿里巴巴公司，开始了阿里巴巴.COM 的运营。以网上大规模商务交流网站建设为目标的杭州日中贸易企业间交易门户网站作为互联网第四大商业模式，受到了硅谷和互联网投资者的关注。并且，他还由此获得了来自高盛等投资者的 500 万美元的资金。网站自身一分钱收入都没有，却上演了对于阿里巴巴品牌一天投资 100 万元的奇迹。

侧耳倾听着马云讲述自己的商业内容的孙正义，在听到一半的时候就打住了。

"你不用再说了。"

马云响亮的声音一瞬间停止了。同时，他睁大了泛着光的眼睛，并思考着怎么应对孙正义的话。

孙正义慢悠悠地说：

"你说的我已经明白了。我决定投资，而且

是35％。"

马云的表情再一次发生了变化，满脸喜悦。

孙正义对于志向远大、目标宏伟的马云当即做出了投资的决定。2000年1月，孙正义对阿里巴巴投资了2 000万美元，折合20亿日元。这基本上等于马云所需资金的90％，孙正义也成为阿里巴巴.COM的首席顾问。

在对阿里巴巴投资后将近三年，马云来到了当时位于中央区日本桥箱崎町的软银集团总部。

孙正义对马云说了他一直都在想的事情：

"你在B2B(企业间业务)上取得了成功，可是你这样就满足了吗？如果你不做B2C(企业与消费者间业务)、C2C(消费者间业务)，那并不能说是巨大的成功。"

马云点点头说：

"孙先生说得对。"

"就是嘛，为什么不做呢？"

"现在光B2B就已经倾尽全力了。而且也没有资金。我也想着有一天一定要做，不过现在还不是时机。"

孙正义直起身子说：

"这是哪里的话。如果要做的话就是现在。需要的资金由这里100％出资，如果没有C2C的经验，我们也会全力支持。"

孙正义提出的方案是建立一个合资公司，提供资金、技术、经验、人才以及战略等全方位的支持。如果成功的话，利益五五分成。如果失败的话，一切风险由软银独自承担。这是一个绝无仅有的好条件。

"如果即使这样，你都不说'要干'的话，就不是男人了。你马上回答我。"

不多久之后，孙正义带着难以言表的糟糕心情坐到了办公室的电脑前。可是他脑海里一直不能忘记刚刚离开的马云。

孙正义慢慢地拿起了电话，在打了几次之后，终于接通了马云的电话。

孙正义直截了当地说：

"你回来吧。"

"啊？什么情况？"

马云同孙正义谈完话之后，正在赶往成田机场的路上。本来按照日程是那一天回中国。如果现在折返的话，只能将归期推到第二天。事实上，孙正义也知道这一点，但是他不能让马云在没接受自己的意见之前就这样回国。

孙正义对回到他办公室的马云说：

"你刚才的回答很含糊。并没有真心说'Yes'。"

"……"

对于沉默不语的马云，孙正义继续说道：

"如果你现在就决定，我就100%出资。如果你不愿意，那我就立刻投资其他愿意做 B2C、C2C 的人。如果你之后再说'我想干'那就来不及了。你觉得这样可以吗？"

马云最终还是被孙正义的气魄所震慑，虽然没有签正式协议，但却签署了备忘录。

马云 2003 年设立"淘宝"。从 2003 年 5 月正式开始了在线购物网站"淘宝网"的运营。

2009 年，淘宝网的注册人数为 9 800 万，占据号称 2.98 亿的中国网民人数的三分之一。零售的销售额达到了 999.6 亿元（约 1.32 万亿日元），占整个中国的零售业销售总额的 0.9%。

网上店铺是免费提供的，光靠广告收入就实现了盈利。如果网上店铺再进行收费的话，将是非常巨大的收入。如果和世界最大的在线销售网站易贝（eBay）一样收取 8%的手续费，光手续费收入就会达到 8 000 亿日元。淘宝网的交易额很快将达到 3 万亿日元，5 年内将达到 10 万亿日元的规模。

7 400 万人使用的网上购物电子支付网站"支付宝"（ALIPAY）的收益，也必然会上升。

对于孙正义而言，淘宝是他目前为止回报率最高的一项投资。

软银的国际战略 >>>

2008 年 4 月，软银和中国移动有限公司、沃达丰集团达成协议，成立以开发手机技术和应用服务为主要业务的合营公司"联合创新实验室"（Joint Innovation Laboratory, JIL）。

在日本用户数量比不上 NTT DOCOMO 和 au 的软银公司，通过与中国香港地区和英国的通信公司的联合，获得了 7 亿收费用户。两年以后达到了 10 亿用户，占世界手机用户总数的 40%。如果在三家公司以外再获得许可的话，可以达到 20 亿人的用户规模。

2009 年 4 月，美国的威瑞森公司也加入了进来。

针对 20 亿的用户，提供移动互联网技术，并且要建成世界最大的移动互联网集团企业。

以副社长宫内谦的话说，在美国处于劣势的雅虎，在日本却拥有压倒性的实力，而在中国还有自己投资的阿里巴巴。现在即使是席卷世界的大集团，要进入亚洲也很难。因为亚洲并不是英语圈。从这一点来说，软银掌控亚洲的互联网并不是梦。巨大的机遇正在展现。

现在，孙正义一手培养起来的软银，在固定通信、"Yahoo! BB"、手机业务以及数字通信业务方面全面出击，成为旗下约有 1 300 个公司的大集团。在互联网相关的所有领域都有涉足，因此软银集团的规模也达到了世界级别。和过去相比，每一个员工所要做的工作也增加了。

但是否可以说，这样就获得了不可动摇的地位呢？不

第六章 称霸亚洲即称霸世界

是的。事实上，公司越大，相应地要承担的风险也越大。即使是拥有两万几千亿日元利润的丰田汽车，也因为次贷危机引发的金融海啸而一下子出现了全年亏损。

孙正义的目标是成为移动互联网领域的世界第一，并打造亚洲最大的互联网企业集团。

在亚洲范围内，印度也实现了惊人的经济增长。孙正义也已进军印度。印度是英语圈，因此欧美企业能够获得比软银更大的市场。因此，孙正义认为在欧美企业难以进驻的汉字圈，比如中国和韩国站稳脚跟才是当务之急。

从这个意义上说，中国毫无疑问是软银的互联网战略中心地。中国现在拥有 5 亿人以上的市场规模。

中国的网民数已经超过美国，成为世界第一。即便如此，网络的普及率也不到四成。虽然手机用户已经达到最大规模的 10 亿人，但是手机互联网的用户尚占少数。今后，中国的手机互联网市场会有爆发式的增长。

能够占据逐渐成长的中国市场，最重要的是不能忘记用长期的眼光去看问题。在进入中国市场之后，也发生过多次意想不到的失误。但孙正义丝毫不动摇，集中精力实现突破，最终成就了自己的大事业。

不要依赖政府 >>>

2008 年 8 月，亚太经合组织工商咨询理事会（ABAC）年度第三次会议及第二届亚太中小企业峰会在中国杭州举行，阿里巴巴是峰会的主办方之一。

会议期间，以中小企业和电子商务为关键词进行了演讲和讨论，软银集团社长孙正义和阿里巴巴CEO马云也参加了。

孙正义在演讲中说：

"将来要给予中小企业更多支持。"

在之后的记者招待会上，孙炯作为孙正义的翻译坐在他身旁。当时正值次贷危机引发的金融危机向全球金融市场袭来。在这样严酷的环境下，中小企业究竟如何生存，这是中国媒体普遍关心的问题。

有一个记者问：

"作为取得巨大成功的经营者，对现在的中小企业有什么建议吗？在目前的经济环境下，政府又应该做些什么？能否对于中小企业进行救助？"

孙正义回答道：

"首先，不能依赖政府吧。关于政府如何才能增进中小企业活力这一点，我从来没有听说过。我从兴办企业至今，一直在和政府作斗争，现在还在起诉政府。比起政府的政策，更重要的是自己的梦想和热情。希望将自己的公司做成怎样？怎么对待和自己一起共事的人们？这才是最重要的。"

第六章 称霸亚洲即称霸世界

在世界同时陷入萧条之时，政府也许会采取一些经济对策。但是孙正义想说的是：不能一味地期待政府，同时也不能将经营不善归咎于政府。

孙正义强调的是经营者的热情、责任感以及明确的方向性这三点。

孙炯仔细地翻译着孙正义的话，心里很佩服：

"果然名不虚传……"

孙正义的厉害已经超越了国家和民族，可谓是无国界企业家。他也会看推进事业的经营者本身。孙正义会对马云的阿里巴巴投以巨资，也正是对事业内容和经营者自身进行判断的结果。而这两者之间，更重要的是人的因素。

人是一个很有趣的东西，只要一见面就立刻知道性格和与不和。孙正义在和马云第一次见面时就十分信任他。他能估量出马云的梦想的宏大程度。之所以这么说，是因为孙正义是世界上对于互联网事业投资最多的人。从互联网基础设施到内容，总共达到了1 300家公司，将各个领域网罗殆尽。说他是看到了5年后、10年后的未来趋势的经营者也不为过。

正因为如此，孙正义将对今后不断扩大的中国市场持续投资。从这个意义上说，他和阿里巴巴联手意义重大。

阿里巴巴建立了最为完备的电子商务生态圈。企业间的电子商务B2B不用说，通过相关企业经营淘宝网开展的

C2C 乃至 B2C 业务也一网打尽。

同时，孙正义对于雅虎中国的定位也不是搜索网站，而是服务行业的电子商务网站。它能把提供餐饮介绍、房屋中介等服务的同业经营者集中起来。开发其基础运营软件的，正是阿里巴巴旗下的"阿里软件"。

包括电子支付系统"支付宝"在内，阿里巴巴构建了整个电子商务的生态圈。全世界也只有阿里巴巴做到了这一点。

中国的互联网普及率不到四成，但也达到了 5.1 亿人，是日本人口的 4 倍多，仅此就已是世界最大的网民群体。而手机用户是 10 亿人。这个数字还会继续扩大。因此商业机会也会进一步扩展。

在孙炯看来，阿里巴巴能够发展到今天的规模，是要感谢孙正义的。不论是淘宝的商业模式，还是雅虎网店的构想，都是孙正义为了实现自己的梦想所做出的努力。结果，就像雅虎网店将世界最大的在线销售网站易贝从日本挤出去一样，淘宝也将过去拥有中国市场 70% 份额的易贝从中国挤了出去。席卷世界的易贝唯一没有能够攻占的，就是中国和日本市场。

孙正义对于马云的经营丝毫不加干涉。

"赌上男人的尊严，自己做的决策自己负责！"

不论是孙正义还是马云，在这一点上意见是一致的。

第七章　百年大计

越挫越勇 >>>

软银集团的副社长宫内谦认为,接下去会有三大产业有巨大的发展:环境科技、信息技术和生命科学。在环境科技方面,丰田公司推出的混合动力汽车"普锐斯",可以根据实际情况选择使用汽油驱动还是电池驱动。这样一来,一升汽油可以行驶 27 公里,距离是一般汽油驱动车的两倍。而根据情况选择汽油驱动还是电池驱动,就要仰仗信息技术了。在生命科学领域,消灭流感、消灭癌症等研究工作都需要高性能的电脑。

发光二极管(LED)也将逐渐取代过去的灯泡,得到广泛的使用,而且比过去的灯泡耐久度更高,一旦安装可以使用十年;同时还可以采用数字控制,当屋内没有人时会自动关灯。这样比起传统灯泡还能节约三成至四成的成本。

美国的奥巴马总统所推行的经济政策中有一项"绿色新政",目的是建立环境友好型的社会。不论是政府政策,还是技术的开发,都不能缺少信息技术。

软银的角色不仅仅停留在手机业务领域。

孙正义的机动力、速度感和决断力丝毫没有改变。一旦决定了目标就立刻集中讨论,一旦做出了攻克目标的决策就立刻实施行动。当然,这种当场做出的瞬间判断也会有失误的时候,而一旦发生失误,就立刻回到原点重新讨论,可谓是柔性的制度。而这样的制度,NTT DOCOMO 和 au 都是做不到的。从这个意义上说,统领移动部门的宫内谦,甚至希望 NTT DOCOMO 和 au 能永远保持现在这种巨型组织的状态。

宫内谦可以说是和孙正义一起走过了可谓波澜壮阔的软银发展之路。

北尾吉孝曾经既佩服又惊讶地对宫内说过:

"你跟着孙先生那么久,真是了不起啊。"

软银所走过的道路中也遇到过各种各样的问题,比如员工集体逃亡式的辞职、股价超出预期的大幅度跌落,等等。

公司也曾经几度弥散着负面的气氛。在重重困难之下，很多员工曾经放弃，心想："这次真的完蛋了。"

但孙正义是绝不会让负面的事情就这样拖延下去的：

"我们是越挫越勇。反而应该感谢这些困难。"

孙正义就是在这样的困境中，才能发挥其异常的韧劲。不论情况有多险恶，不论被逼入多大的绝境，他都能发挥自己的实力。而且，在士气低落时，他能够带领软银重新振作起来。

宫内相信，如果孙正义这种坚韧的改革之魂能够作为软银的企业文化而保持下去的话，那软银必将会继续成长。

孙正义能够根据信息社会的发展状况，审时度势地开拓业务。从个人电脑软件、商务软件的流通起家，延伸至服务器客户端网络以及互联网产业。

在沃达丰和 Sprint 公司的收购中，他投资了两万亿日元。能够让他做出如此决断的，是确保他能够发挥领导作用的股份结构。

对于并不握有太多股份的职业经理人来说，首先必须看股东的脸色。因此对于那些激进的决策也不能随意而为。而且在3—4年以后就要把位置让给下一任的社长，事业也缺乏连贯性。

在孙正义所经历过的那些收购中，也不乏有一些"强取豪夺"的部分。过去曾经也有人评价孙正义"不是企业家而是投机家"。电脑杂志出版社 ZD 也好，电脑展会 COMDEX 也好，为他开创数字信息社会带来了必要的人脉。比如微软的创始人比尔·盖茨，以及接替比尔·盖茨成为微软 CEO 的史蒂夫·鲍尔默，甲骨文的拉里·埃里森，以及已故的苹果公司的史蒂夫·乔布斯等数不尽的厉害人物。包括雅虎，也是通过自己构筑的信息网而知晓，从而完成投资的。

但孙正义也不是一味地在黑暗中闯荡，他一边狂奔疾走，一边也经常进行周密的计划。可以说是一个非常能够掌握好平衡的企业家。

以孙正义的话来说，和他一起走过 30 年的宫内谦，是一个能够和第一线架起桥梁的人。孙正义有时为了故意改变事物的发展方向，会提出一些简直可以说是乱来的目标。当然，第一线也会哀鸿遍野。

"这么急，做不到啊。"

宫内在这样的时候会一边听取现场的哀叹，一边发现遗漏的角落，同时寻找解决之道。最终在宫内的努力下，很多时候能够圆满解决。

孙正义在开展事业中一个非常重要的环节是会议，以头脑风暴的方式进行探讨。而在要开展"Yahoo! BB"宽带业务的时候，经营会议几乎都不在白天举行，而是在结束了日常营业、吃完了晚饭之后的 6 点左右才开始，开到第二天凌晨 3 点也是常有的事情。

讨论的事情也是多种多样，甚至连软银移动店铺以什么颜色为基调都要讨论。就连其他企业一般都委任给现场第一线或广告代理商的一部分事项，软银也都会让营业、技术、金融等各个方面的负责人，甚至让年轻职员一起参与讨论。这也是从如何更好地开展手机业务这一原点出发，抛开专业领域的壁垒，大家能够在这段时间里畅所欲言，会议经常是气氛火热。

首次参加会议的公司职员，都会在这样的会议里惊讶不已。平时微笑不断的孙正义，在这样的会议里脸色完全变了。

孙正义对于那些说话弯弯绕的人，总是会措辞严厉地说：

"你给我说结论！"

以连珠炮的方式毫不客气地进行攻击，而当他听到好的主意时，会很直白地评价：

"你好厉害，给三个坐垫！"

而作为企业"老人"的宫内发言时，孙正义会说：

"小宫偶尔也说得不错嘛。"

一边笑着说，一边又不忘讽刺一句：

"我是说偶尔。"

受到一次打击而一蹶不振绝非软银的生存之道。反而应该想着将来有一天让对方哑口无言。正是有这样的气概，软银的经营会议的质量才会越来越高。

而每次孙正义在措辞激烈之后，自己也感觉到有些过头，他一定会在宫内回到家之后给他打电话。

"小宫，那个人，你稍微跟进一下。"

被称作"乐天三兄弟"的孙正义、宫内以及宫川润一等较为积极的三个人，与财务等管理部门中被称作"保守三兄弟"的软银移动的专务董事藤原和彦等三个人，也是经常展开论战。

以孙正义的话说，这些人只要在公司要开展新业务的时候，一定会提出反对意见：

"这个风险很大。"

"已经出现破绽了。"

这是他们的口头禅。而且他们也不管对手是社长还是谁，都会用犀利的语言据理力争，甚至会毫不客气地举出孙正义过去惨痛失败的往事。

孙正义经常也是在不堪忍受之下，大声喝止：

"你们几个！！"

但是对于软银来说，"保守三兄弟"却是必不可少的。孙正义在要规划未来的时候，必然会请这三个人到场，只有说服了这三个人，才真正制定实际的目标。在软银公司内部，他们发挥着重要的刹车作用。而正因为有

"保守三兄弟"的存在，孙正义等"乐天三兄弟"才能够存在。

孙正义自身也会在会议上听取各路专家的意见。并不是电脑专家的孙正义也掌握了一流的技术知识，具有了一流的市场能力，甚至获得了不输给专业人士的金融知识。这也是拜这些会议所赐。他从北尾那里学到了金融知识，从笠井那里学到了财务知识。

就是这样，不拘泥于一定框架，不断进步。宫内认为这正是孙正义的强大之处，也正是软银的文化。

企业 DNA 如何传承 >>>

像孙正义这样拥有革命性的创意，同时又拥有执行力的天才经营者，在软银集团内部说是"绝对"般的存在也毫不为过。如果以过去的经营者来类比的话，也就是如同松下电器的创始人松下幸之助，以及三菱集团的奠基人岩崎弥太郎这样的人物。

宫内经常对孙正义说：

"我们构建接下去的体制，必须要以不再出现孙社长这样的人才作为基本思路。"

如果硬是要寻找如同孙正义一样拥有领导才华的人，那么整个组织机构会向错误的方向前行，而软银甚至可能会走回头路。要将公司交给优秀但又沉稳的人才去打点，这样公司才能构建一个平衡性好的组织而继续成长。

宫内希望能够守住软银从创立初开始培养起来的风险精神。希望将开展事业、运用人才等基本的能力，作为企业文化在更年轻的一代部长们身上扎根，并且还要代代传下去。同时要将"不惧危机"这一DNA留存下去。

从一开始就接受软银文化、从底层逐渐提拔上来的干部只有榛叶淳、后藤诚二等少数人。而放眼部长级别的干部，像来自光通信的久木田修一、鹿岛的今井康之、电通的栗坂达郎等中途录用的人是多数。

但是要将中途录用的人才留下使用是很难的，因为必须具备从头到尾全部由自己判断的能力。

而且，在被孙正义严厉苛责的时候如何应对？如果认为自己是正确的话，能够毫不退缩地和社长正面交锋。而认为自己错的时候，又能够爽快地承认错误。

孙正义有时会刻意责备部下，将他打击得体无完肤，就想看看对方会反抗到什么程度，仿佛心里在说："你也来说我几句呀。"像等待对方反击一样。

他能看到20年之后 >>>

笠井经常对以报社记者为首的媒体人说：

"你们就没有支持一下孙正义这样的人才的心吗？不要再拼命挖掘他的负面新闻了。明治时代的记者拥有培养政治家和财界精英的气概。可你们究竟是抱有怎样的志向进的报社呢？"

在笠井眼里看来，孙正义连自己都不知道他对于自己的负面消息是否在意。从自身的志向来考虑，这一些批判或责难根本无所谓，根本没有打算理睬这些。经常走在时代的最前端，经常受到各种抨击，抗击打能力也是很强的。

笠井和孙正义靠得越近越觉得不可思议：

"为什么会有这样的人？"

笠井曾经也在各种场合和各式各样的经营者见过面。但一直让他觉得惊讶和感叹的经营者，只有孙正义一个。

孙正义的专注能力惊人。当他专注于某个事物的时候，即使有谁走近他身边和他说话，他也听不到。而职业经理人往往可以一边和五个人谈着话，一边在文件上盖章。对于孙正义来说，不论多琐碎的事情，他都是那种不集中注意就没法完成的人。

同时他的构想能力又是极强的，经常能够进行战略的思考。而且他的谈判能力、技术知识也非常出色。他不仅头脑清晰，还富有热情。所谓的"无懈可击"就是形容孙正义的。

拥有战略性的思考能力，是一个企业所有者必须拥有的特征。和继任之后几年就把座位让给其他人的职业经理人相比，企业所有者不必在自己的任期结束后离开。因此他们可以为了让自己成立起来的组织进一步发展，而考虑到 10 年以后甚至 20 年以后的事情。这也是企业所有者的宿命。

孙正义经常是充满着气力和热情，从来没有看到他发呆的样子。总是专注着做一些什么。对于他来说，"休息日"这个词也是几乎没有意义的。他觉得休息就是浪费时间。

孙正义曾经公开说过，"在自己 60 多岁的时候将接力棒交给下一代"。笠井的解释就是，孙正义会干到 69 岁的第 364 天。而且笠井相信，即使他到了 70 岁，还是会冲在软银的最前线。

笠井希望孙正义从今往后能够更加注意自己的身体健康。

根据笠井的经验，人在过了 40 岁、50 岁、60 岁以及 70 岁的时候，身体都会产生各种各样不同的变化。

在软银，能够支撑整个集团的除了孙正义之外别无他人。而一直支持着孙正义的人，自己也被培养成了一个人才。

但是，软银培养起来的那些人才，是否能够像孙正义一样发挥经营才能来扩展业绩呢？

孙正义和其他经营团队的成员所走过的道路是完全不同的。

从设立软银的 1981 年起就一直坐在了社长的位子上，作为公司的最高经营者进行各种指挥。而其他人则都是从底层一步步爬上来的。这些经验的差距，也就体现在对于风险的看法上。

对于笠井来说是风险很大的事情，但对孙正义来说并没有什么风险。反之，笠井觉得没有风险的东西，孙正义却感受到了风险。

这种差异来自感觉，一种动物性的直觉。在笠井看来收购之后一切经营都正常的企业，孙正义却会突然有一天将所有的股票全部抛售。

这基本上还是思维方式的不同。

孙正义的雄心 >>>

佐佐木宏认为：

"孙正义能像战后高速经济成长期中所出现的本田的创始人本田宗一郎、索尼的井深大、松下的松下幸之助一样，成为代表现代'日本品牌'的经营者。"

孙正义带领一个人们看来随时可能消亡的软银公司，完成了沃达丰日本法人的收购，并将公司发展成能与 NTT DOCOMO、丰田比肩的一流企业。

在这个过程中，孙正义还在财界引领了新的潮流。2006 年 1 月 16 日，"活力门"的堀江贵文因违反证券交易法嫌疑而被逮捕。包括这件事情的影响，目前还没有抛头露面但实际上受到孙正义的影响而成长起来的经营者、实业家其实很多。

佐佐木甚至想，孙正义所创造的财界的清澈的涓流，是否也能够流进现在已经日益陈腐的政界呢？不接受企业的贿赂，能够进行世代交替。不仅仅是表面文章，而是真正从根本上发生质的改变。佐佐木希望，如果可以的话，他站在广告的立场上也能发挥自己的作用。

在他看来，孙正义这样的人物才是担任日本总理大臣最合适的人选。以带领软银成长的过程作为模板，推动日本改革。

但是，孙正义并没有成为政治家的选择，而且，他的视线一直盯着日本以外。

"成为数字信息革命的霸者。"

这个野心才是推动他前行的动力。因此，他虽然也会想着在日本怎么做，有的时候却会立足于美国，然后同时在以中国为核心的亚洲开展业务。

但是已经年过半百的孙正义的人生还会有几十年并不知晓，而赌上人生的数字信息革命也不是靠一个人之手就能够推动的，也不是靠孙正义一手培养起来、不断壮大的软银公司能够实现的。

佐佐木希望的是，孙正义不是作为软银的领导，而是成为超越企业竞争和自身野心的现代的"坂本龙马"。

作为"日本品牌"的孙正义如果大旗一挥,财界就能够重组。而对政界也能施加相当的压力,逼着它向好的方向发展。这样日本就能成为一个像手机一样"虽然小,但却很重要"的国家。

软银的未来——孙正义寄语 >>>

我希望将软银发展成以一家单纯的控股公司为中心的如同银河系一般扩张的大集团。各个事业公司都将发现能力、经营能力、金融能力投入互联网领域中。

放眼全球,像软银集团这样的企业形态在世界上也是绝无仅有的。这也是一条新的道路。

软银成为控股公司,从所有的业务中隔离出来,负责市场价值的经营、集团内部的资源整合、金融资产组合的构筑及再评估等。也就是作为一个战略的核心。虽然在东证一部上市,但是极端地说,软银总公司是一个除了社长我之外只有区区几个助理的组织。因此没有必要特别说明是"软银"。

控股公司之下包括之前归属于总部的出版部门、软件事业部,以及通过并购所纳入旗下的1 300家公司,组成了一个巨大的集团公司。

我对于各个事业公司的经营几乎不插手。我已经培养了能够带领各个事业公司的人才。我会对他们产生影响，但丝毫没有要控制他们的意思。我并不会给予他们指示，而是默默地看着他们不断自我增殖、自我进化。

我现在会回想起小学时代下将棋时藏在心里的一个朴素的问题：

"王将虽然是最高统帅，但为什么这么逊呢？"

可以纵横驰骋的飞车，可以一口气进行斜向突破的角行，这才像是个男人。但是王将呢，只能在自己周围一格一格地走，实在是太过于愚钝了，根本无法发挥攻击力。看着让人有些着急。

但是，在成为经营者之后，才明白王将的移动才是最重要的落子。那些可以大胆进攻的飞车和角行虽然很帅，但是防守却很弱，只要自己的行动被对方看透，就会被彻底封住。从这个意义上说，王将虽然只能一格一格地行动，但是却能360度行走，可谓是平衡最好的棋子了。

如果考虑到300年后的软银，必须要像王将那样拥有平衡的行动能力。而像飞车、角行这样的一点突破的思考方式，只有在短时间内才有用。因为不存在可以沿用300年的经营手段和技术。

自我增殖、自我进化，这才是软银能够繁荣300年的两个关键词。

企业的自我增殖就是用自己的商业模式，不断提高用户人数、销售额和利润。但是自我增殖也是有界限的。于是就必须自我进化。方法就是组成合资企业，用风险投资的方式投资互联网企业。

我为软银成为一个具有多样性的组织体而打好基础。这是作为创业者的职责和使命。

我把300年后依然可以生存的组织体想象成"银河系"的样子。是银河系而绝不是太阳系。因为太阳系是以地球为首的行星围绕太阳一个中心进行公转的架构。

创业初期的软银的确是围绕我为中心转的，但是现在却已经有1 300家相关公司了。

我并不能够将软银的战略强加给雅虎、亿创、阿里巴巴等公司。

我也并不拘泥于一定要掌握有51％的持股比例而获得绝对经营控制权。只要稍微不慎就会成为中央集权的结构。一部分官僚就会拥有组织权限，这些官僚就会制定对自己有利的规则，而企业的活力就会失去。

这些相关企业的经营者可以以自己作为中心构建一个太阳系，然后不断自我增殖。我给予他们可以自我增殖的自由度。虽然委任权限是有风险的，但是反之被完全委以权限的公司社长才能够更加迅速和及时地进行决策。如果出现了某个经营模式失败的情况，那么只要关掉这个品牌，就可以将风险阻断了。

这样的新组织体,虽然看起来并非是连为一体的,但是仔细看一下,就会发现互相之间通过引力,能够非常好地掌握着平衡。

比如,和阿里巴巴、电子商务公司淘宝一起成立的合资企业,对于我来说是最好的理想模式。软银首先握有阿里巴巴30%的股份,在设立淘宝的时候各自出资一半。并且作为先行者,由软银方面提出方案并且提供资金,而阿里巴巴在中国予以实现。这是最好的合作结果,催生了淘宝这样一个新的企业。这对于双方来说是双赢的结果。

而淘宝不仅与校内网开展业务合作,现在又和中国移动开展合作,可以说更加接近理想的模式。

而软银注资的企业,也就是所谓的太阳系成员之间也可以产生双赢的效果。但这绝不是软银总部的意志,而是整个银河系所内生的效果了。

我迄今为止投资设立了很多企业。根据我的经验,投入巨大的企业并没有获得想象的收益,反而是资本少的企业产生了效果。投入30亿的资本金,可以默默地运营三年,但是大家与其说忙着盈利,倒不如说在忙着花钱。

我觉得设立之初的资本金在2亿日元左右是最好的。2亿资本金如果是30人的公司的话,几乎一年也撑不下来。如果不迅速盈利就会破产。因此从社长到员工,大家都会拼命地考虑如何盈利。这也和勇气有关,用自己的力量独立决算,自己的计划自己承担,并且能够自我完善,能够为自我进化而播下种子。

我在19岁时制定"人生五十年计划"的时候,决定自己60多岁的时候将接力棒交给下一代。

而在实际交接企业时,按照我的美学,是不能留下什么缺憾的。如果公司在还有负债的情况下交接,就好像自己没有尽责一样。因此,一定会在软银公司没有负债、业绩不断攀升、现金流充裕的情况下才交接。

因此我必须在50多岁的时候,完成孙正义商业模式。并且以我个人方式,将今后十年的贷款全部清零。

同时,我还会设立培养接班人的软银学院。有入学资格的只有旗下企业的社长、CFO和CTO三类人,这是为了经营者而设立的学校。恐怕在我退隐的时候,不断自我增殖的软银集团公司已经膨胀到5 000家企业了吧。到时候,我可以在那些公司中各自选出来的三个人,总计1.5万人面前说自己喜欢说的东西。我可以随便说一些并不用负责的话。对于他们的经营理念,我不会做任何评价。况且,我绝对不会因为软银陷入危机而再次出山。

但是,对于掀起数字信息革命的志向还是要继承下去的。不论是21世纪、22世纪还是23世纪,都要努力为人们提供新的生活方式。并不仅仅是为了利益,也不仅仅为了名誉。而是通过软银集团的不断自我增殖,为人们提供哪怕一点点的喜悦和幸福。

"多亏了那家伙,我们能够轻松一点了。"

"更加丰富多彩了。"

"更加方便了。"

为世界上的人提供能够带来好感的产品,这是创业以来软银立志的原点。我希望软银能够真正成为拥有这样崇高志向和使命的银河系。

后记

为了撰写这部作品,我采访了以软银集团社长孙正义为首的许多人。对于给予我帮助的王贞治、大久保隆、笠井和彦(已故)、川岛克哉、北尾吉孝、栗坂达郎、佐佐木宏、孙炯、孙泰藏、宫内谦(按日语字母顺序排列)等各位,谨致衷心的感谢。

作为参考文献,我参考了日经 Veritas 2008 年 6 月 29 日的《孙正义流最后的大决战》、2011 年 4 月自由报道协会主办的软银社长孙正义"关于东日本大地震"记者招待会、软银决算说明会上的孙正义社长记者招待会、《朝日新闻》《读卖新闻》《每日新闻》《产经新闻》《日本经济新闻》等各家报纸、《东洋经济周刊》《钻石周刊》的软银特刊以及对孙正义社长的采访报道等。

本书文中的尊称均作了省略。

大下英治
2015 年 3 月

图书在版编目(CIP)数据

孙正义秘录/[日]大下英治著;[日]伊藤实千代,李世彦译.
—上海:复旦大学出版社,2016.5
ISBN 978-7-309-11923-7

Ⅰ.孙… Ⅱ.①大…②伊…③李… Ⅲ.孙正义-传记 Ⅳ.K833.135.38

中国版本图书馆 CIP 数据核字(2015)第 267471 号

SON MASAYOSHI HIROKU by Oshita Eiji
Copyright © Oshita Eiji, 2015
All rights reserved.
Original Japanese edition published by EAST PRESS CO., LTD. Japan.
Simplified Chinese translation copyright © 2016 by Fudan University Press

孙正义秘录
[日]大下英治 著 [日]伊藤实千代 李世彦 译
策划编辑/徐惠平
责任编辑/岑品杰

复旦大学出版社有限公司出版发行
上海市国权路 579 号 邮编:200433
网址:fupnet@fudanpress.com http://www.fudanpress.com
门市零售:86-21-65642857 团体订购:86-21-65118853
外埠邮购:86-21-65109143
浙江新华数码印务有限公司

开本 890×1240 1/32 印张 10.75 字数 180 千
2016 年 5 月第 1 版第 1 次印刷
印数 1—120 000

ISBN 978-7-309-11923-7/K·555
定价:35.00 元

如有印装质量问题,请向复旦大学出版社有限公司发行部调换。
版权所有 侵权必究